O FILÓSOFO
E O
LOBO

MARK ROWLANDS

O FILÓSOFO
E O
LOBO

*lições da natureza sobre amor,
morte e felicidade*

Tradução
Paulo Afonso

Copyright © Mark Rowlands, 2008

Todos os direitos desta edição reservados à
Editora Objetiva Ltda.
Rua Cosme Velho, 103
Rio de Janeiro — RJ — Cep: 22241-090
Tel.: (21) 2199-7824 — Fax: (21) 2199-7825
www.objetiva.com.br

Título original
The Philosopher and the Wolf

Capa
Adaptação de Ventura Design/Marcella Perroni sobre design original de Arnoldo Mondadori Editore

Imagem de capa
Louise Murray/Getty Images

Revisão
Diogo Henriques
Lilia Zanetti
Tiago Cavalcante

Editoração eletrônica
Abreu's System

CIP-BRASIL. CATALOGAÇÃO-NA-FONTE
SINDICATO NACIONAL DOS EDITORES DE LIVROS, RJ
R788f
 Rowlands, Mark
  O filósofo e o lobo : lições da natureza sobre amor, morte e felicidade / Mark Rowlands ; tradução de Paulo Afonso. - Rio de Janeiro : Objetiva, 2010.

  214p.   ISBN 978-85-390-0063-0
  Tradução de: *The philosopher and the wolf*
  Inclui índice

  1. Rowlands, Mark. 2. Lobo. 3. Relação homem-animal. 4. Memórias. 5. Humanidade – Filosofia. I. Título.

10-1523   CDD: 636.7
             CDU: 636.7

Para Emma

Sumário

Agradecimentos — 9
1. A clareira — 11
2. Irmão lobo — 21
3. Singularmente bárbaro — 50
4. A bela e a fera — 77
5. O trapaceiro — 102
6. A busca da felicidade e de coelhos — 123
7. Uma temporada no inferno — 145
8. A flecha do tempo — 162
9. A religião do lobo — 188
Índice remissivo — 213

Agradecimentos

George Miller foi quem primeiro contratou este livro para a Granta. Foi com certeza um gesto de confiança por parte de George, já que, por consenso, ninguém realmente tinha noção do que se passava nos primeiros esboços do livro. Quando George saiu, Sara Holloway, que é uma editora fantástica, assumiu o processo editorial. Suas perguntas pertinentes, inteligentes e, acima de tudo, pacientes — e sua determinação de garantir que eu não perdesse de vista o que era importante — tornaram este livro muito melhor do que seria em outras circunstâncias. A revisão foi feita por Lesley Levene. Nunca, em minha já vasta experiência, um processo de revisão foi tão indolor, até mesmo agradável, e nunca aprendi tanto sobre a arte de escrever. Meus mais profundos agradecimentos aos três. Agradeço também a Vicki Harris pela sempre excelente leitura das provas. E nem é preciso dizer que agradeço à minha agente, Liz Puttick, por concretizar mais um de meus projetos malucos.

Este livro não existiria sem seu assunto. Portanto, obrigado, Brenin, meu irmão lobo, por dividir sua vida comigo — e, claro, agradeço às suas fiéis amigas, Nina e Tess.

Finalmente, uma palavra para Brenin — meu filho, não meu irmão: não posso dizer que escrevi este livro para você, porque eu o iniciei antes mesmo que você fosse um lampejo nos olhos de seu velho pai. Mas o terminei porque queria que você entendesse seu próprio nome. Por isso e porque já tinha gasto o adiantamento. Lembre-se de que, no final, e tremo só de pensar em quantas vezes vou lamentar ter dito isso, somente nossa rebeldia nos redime.

Mark Rowlands
Miami

1

A clareira

1

Este é um livro sobre um lobo chamado Brenin. Durante mais de uma década — a maior parte dos anos 1990 e uma parte dos 2000 — vivemos juntos. Em decorrência de ter partilhado a vida de um intelectual desenraizado e irrequieto, ele se tornou um lobo extraordinariamente viajado, tendo vivido nos Estados Unidos, Irlanda, Inglaterra e, por fim, França. Também se beneficiou, quase sempre a contragosto, de mais ensino universitário gratuito do que qualquer outro lobo que tenha existido. Eu não podia deixá-lo sozinho, como veremos, sob pena de minha casa e meus haveres sofrerem graves consequências. Portanto, eu tinha que levá-lo para o trabalho, junto comigo; e como eu era professor de filosofia, isto significava levá-lo para minhas aulas. Ele ficava deitado, cochilando em um canto da sala — como a maioria dos alunos, na verdade —, enquanto eu discorria sobre alguma filosofia ou filósofo. Às vezes, quando as aulas se tornavam particularmente tediosas, ele se levantava e uivava — hábito que lhe granjeou a simpatia dos alunos, pois provavelmente gostariam de fazer o mesmo.

Este é também um livro sobre o significado da condição humana — não como entidade biológica, mas como criatura capaz de fazer coisas que nenhuma outra faz. Nas histórias que contamos sobre nós mesmos, nossa singularidade é um refrão comum. Segundo algumas

A clareira

pessoas, ela decorre de nossa habilidade em criar civilizações, de modo a nos protegermos da natureza sanguinária. Outros apontam para o fato de que somos as únicas criaturas que conseguem entender a diferença entre o bem e o mal e, portanto, as únicas capazes de ser boas ou más. Alguns dizem que somos únicos porque raciocinamos; os únicos animais racionais em um mundo de bichos irracionais. Outros pensam que o uso da linguagem é o que nos separa decisivamente dos animais irracionais. Alguns acham que somos únicos por termos livre-arbítrio. Outros entendem que nossa singularidade reside no fato de que somente nós somos capazes de amar. Alguns dizem que somente nós somos capazes de compreender a natureza e os fundamentos da verdadeira felicidade. Outros acham que somos únicos porque só nós podemos entender que iremos morrer.

Não acredito em nenhuma dessas histórias como explicação para um grande abismo que existiria entre nós e outras criaturas. Algumas das coisas que achamos que elas não podem fazer, elas podem. E algumas das coisas que achamos que podemos fazer, não podemos. Quanto ao restante, bem, é mais uma questão de grau do que de tipo. Nossa singularidade reside simplesmente no fato de que contamos essas histórias — e mais: podemos nos induzir a acreditar nelas. Se eu quisesse definir em uma frase os seres humanos, esta serviria: os seres humanos são animais que acreditam nas histórias que contam sobre si mesmos. Os seres humanos são animais crédulos.

Nesta época de trevas, não é preciso enfatizar que as histórias que contamos sobre nós mesmos podem ser as maiores culpadas pelas divisões entre um ser humano e outro. A distância entre a credulidade e a hostilidade pode ser curta. Entretanto, não estou preocupado com as histórias que contamos para nos diferenciarmos uns dos outros, mas com as que contamos para nos distinguirmos dos outros animais: aquelas que contamos sobre o que nos torna humanos. Cada história tem o que podemos chamar de lado obscuro; uma sombra. Esta sombra está por trás do que a história conta; e é onde você vai encontrar o que a história realmente mostra. E se revela, pelo menos, de dois modos. Em primeiro lugar, o que a história mostra é muitas vezes uma profunda e pouco lisonjeira — até mesmo perturbadora — faceta da natureza humana. Em segundo, o que a história mostra é muitas vezes difícil de enxergar. Os dois modos não são excludentes. Nós, humanos, temos uma acentuada facilidade para ignorar aspectos de nós mesmos que consideramos desagradáveis. E isto se aplica às histórias que contamos para nos explicarmos a nós mesmos.

O lobo é, evidentemente, o tradicional representante do lado sombrio da humanidade, embora a escolha seja injusta. Isso é irônico, de várias formas — inclusive etimologicamente. A palavra grega para lobo é *lukos*, tão próxima à palavra que designa luz, *leukos*, que ambas são frequentemente associadas. É possível que esta ligação seja simplesmente o resultado de erros de tradução; ou talvez haja uma conexão etimológica mais profunda entre as duas palavras. Seja lá como for, Apolo era considerado o deus do sol e dos lobos. Neste livro, é a conexão entre o lobo e a luz que tem importância. Pense no lobo como uma clareira na floresta. Nas entranhas da floresta, pode estar escuro demais para ver as árvores. A clareira é o lugar que permite a revelação do que está oculto. O lobo, tentarei demonstrar, é a clareira da alma humana. O lobo revela o que está escondido nas histórias que contamos a nós mesmos — o que elas mostram, mas não dizem.

Estamos à sombra do lobo. Alguma coisa pode projetar uma sombra de duas formas: bloqueando a luz ou sendo a fonte de luz que outras coisas bloqueiam. Podemos falar das sombras projetadas por um homem e das projetadas por uma fogueira. Quando falo na sombra do lobo, não me refiro à sombra projetada pelo próprio lobo, mas às sombras que projetamos a partir da luz emitida pelo lobo. E nessas sombras, olhando para nós, está exatamente o que não queremos saber sobre nós mesmos.

2

Brenin morreu há alguns anos. Ainda me surpreendo pensando nele todos os dias. Para alguns, isso pode parecer um exagero: ele era apenas um animal, afinal de contas. Entretanto, apesar de atualmente estar vivendo a melhor fase da minha vida, sob todos os aspectos, creio que

A clareira

me tornei menor. É difícil explicar o motivo e, por muito tempo, eu mesmo não o compreendia. Agora acho que compreendo — Brenin me ensinou uma coisa que minha longa educação formal não me ensinou nem poderia ter me ensinado. É uma lição difícil de conservar na memória, agora que ele se foi. O tempo cura tudo, mas faz isso apagando coisas. Este livro é uma tentativa de registrar a lição, antes que ela se apague.

Há uma lenda que narra uma escolha que a nação iroquesa foi obrigada a fazer. A lenda é contada de várias formas. Esta é a mais simples. Certa vez, convocou-se um conselho para decidir em que local as tribos deveriam caçar na próxima estação. O conselho não sabia, entretanto, que o lugar que acabou escolhendo era habitado por lobos. Consequentemente, os iroqueses ficaram expostos a repetidos ataques de lobos e isto começou a reduzir sua população. Eles tiveram, então, que fazer uma escolha: mudar-se para outro lugar ou matar os lobos. A última opção, perceberam eles, iria degradá-los. Passariam a ser um tipo de gente que não gostariam de ser. Então se mudaram. Para evitar a repetição do erro anterior, decidiram que, nas futuras reuniões do conselho, alguém deveria ser designado para representar os lobos. Seria convidado a dar sua opinião com a pergunta: "Quem fala pelo lobo?"

Esta é a versão iroquesa da lenda, é claro. Se houvesse uma versão dos lobos, tenho certeza de que seria diferente. Mas há uma verdade nela. Vou tentar demonstrar que, na maior parte do tempo, todos nós temos a alma de um primata. Não vou empregar muito a palavra "alma". Quando digo "alma", não me refiro a alguma imortal e incorruptível parte de nós, que sobrevive à morte de nossos corpos. A alma pode ser isso, mas eu duvido. Talvez seja apenas a mente, e a mente, simplesmente o cérebro. Mas também duvido disso. Neste exato momento, enquanto estou usando a palavra, a alma dos seres humanos está sendo revelada nas histórias que eles contam sobre si mesmos: histórias de como são únicos; histórias em que nós, humanos, realmente nos condicionamos a acreditar, a despeito de todos os indícios contra elas. Estas histórias, tentarei argumentar, são contadas por primatas: têm uma estrutura, um tema e um reconhecível conteúdo símio.

Estou usando o primata como metáfora, aqui, para explicar uma tendência que existe em todos nós — em menor ou maior grau. Nesse sentido, alguns seres humanos são mais primatas do que outros. Na verdade, alguns primatas são mais primatas do que outros. O "primata" é a tendência a compreender o mundo em termos instrumentais: o valor de todas as coisas é aferido pela utilidade que elas têm para o primata. O primata é a tendência a ver a vida como um processo de avaliar probabilidades e computar possibilidades, para usar os resultados desses cálculos em benefício próprio. O primata aplica esse princípio a outros primatas e, até mais, ao resto do mundo natural. O primata é a tendência a ter não amigos, mas aliados. O primata não vê os outros primatas; observa-os. Enquanto isso, aguarda sua oportunidade de obter vantagem. Estar vivo, para o primata, é esperar o momento de atacar. O primata é a tendência a basear os relacionamentos em um só princípio, invariável e inflexível: o que você pode fazer por mim e quanto isso vai me custar? Esta visão dos outros primatas, inevitavelmente, volta-se contra si mesma, contagiando e determinando a visão que o primata tem de si mesmo. Assim, ele pensa na felicidade como alguma coisa que pode ser medida, pesada, quantificada e calculada. Pensa no amor da mesma maneira. O primata é a tendência a pensar que as coisas mais importantes da vida decorrem de uma análise de custos e benefícios.

Devo reiterar que isso é uma metáfora que uso para descrever uma tendência humana. Todos conhecemos pessoas assim. Encontramos com elas no trabalho e no lazer; nos sentamos à sua frente em reuniões e mesas de restaurante. Tais pessoas são apenas exageros do tipo humano básico. Mas acredito que, em nossa maioria, somos mais parecidos com elas do que percebemos ou gostaríamos de admitir. Por que descrevo essa tendência como símia? Porque os seres humanos não constituem o único tipo de primata que pode sofrer e se deliciar com a gama de emoções humanas. Como veremos, outros primatas podem sentir amor; podem sentir uma tristeza tão intensa que morrem dela. Podem ter amigos, não apenas aliados. No entanto, a tendência de que falo é símia no sentido de ser concretizada por primatas; mais precisamente, por um tipo de desenvolvimento cognitivo ocorrido com os primatas e, tanto quanto sabemos, com nenhum outro animal: a tendência a ver o mundo e seus habitantes em termos de custo-benefício; pensar na vida e nas coisas importantes que nela acontecem como coisas que podem ser quantificadas e calculadas. Essa tendência só é possível porque existem primatas. E, dentre todos os tipos de primatas, a expressão máxima dessa tendência somos nós. Mas há também uma parte de nossa alma que já existia muito antes de nos tornarmos primatas — antes que a tendência nos aprisionasse — e está oculta nas histórias que contamos a respeito de nós mesmos. Mas pode ser revelada.

A evolução se concretiza por acréscimos graduais. Na evolução, não existe *tabula rasa*, nenhuma lousa vazia: ela só trabalha com o que existe e nunca retorna à prancheta de desenho. Para usar um exemplo conhecido: os traços grotescos do linguado — em que um dos olhos foi, em essência, puxado para o outro lado — são uma indicação de que as pressões evolucionárias que levaram um peixe a se especializar em viver colado ao fundo do mar atuaram sobre um peixe que, originariamente, desenvolveu-se para outras finalidades e, portanto, tinha olhos localizados nas superfícies laterais, em vez de nas superfícies dorsais. Da mesma forma, no desenvolvimento dos seres humanos, a evolução foi obrigada a trabalhar com o que existia. Nossos cérebros são, essencialmente, estruturas históricas: foi sobre as fundações de um primitivo sistema límbico — que compartilhamos com nossos ancestrais reptilianos — que o córtex dos mamíferos — sobretudo na poderosa versão dos seres humanos — foi moldado.

Não quero sugerir que as histórias que contamos sobre nós mesmos, e nas quais acreditamos, sejam produtos evolucionários, como os olhos do linguado e o cérebro dos mamíferos. Entretanto, acho que foram construídas de forma similar: mediante acréscimos graduais, em que novas camadas de narrativa são sobrepostas a velhas estruturas e velhos temas. Não há uma lousa vazia para as histórias que contamos sobre nós mesmos. Vou tentar demonstrar que, se procurarmos bem, e se soubermos onde olhar, iremos encontrar um lobo em todas as histórias contadas pelos primatas. E o lobo nos diz — esta é sua função na história — que os valores do primata são obtusos e inúteis. Ele nos diz que as coisas mais importantes da vida nunca são uma questão de cálculo. Ele nos lembra de que as coisas de real valor não podem ser quantificadas ou negociadas. Ele nos lembra de que, às vezes, devemos fazer o que é certo, sem medo das consequências.

Somos todos, creio, mais primatas do que lobos. Em muitos de nós, o lobo foi quase completamente excluído da narrativa de nossas vidas. Mas é arriscado permitir que ele morra. No final, os ardis do primata resultam em nada; sua esperteza o trai e a sorte símia termina. É quando descobrimos o que é mais importante na vida. E não é o que nossos ardis, esperteza e sorte nos trouxeram; é o que sobra quando tudo isso nos abandonou. Somos muitas coisas. Mas nossa parte mais importante não é a que se deleita com nossa esperteza; é a que sobra quando toda a esperteza nos deixa às portas da morte. A parte mais importante não é a que se beneficia de nossa sorte; é a que resta quando a sorte nos abandona. No final, o primata sempre vai nos deixar na mão. A pergunta mais importante que podemos fazer a nós mesmos é: quando isso acontecer, quem é a pessoa que vai restar?

Demorou muito tempo, mas acho que entendi por que amava tanto Brenin e sinto tantas saudades dele, agora que ele se foi. Ele me ensinou alguma coisa que minha longa educação formal não conseguiu: em algum recanto ancestral de minha alma, ainda vive um lobo.

Às vezes é necessário deixar que o lobo dentro de nós se manifeste; silenciar a tagarelice incessante do primata. Este livro é uma tentativa de falar pelo lobo do único modo possível.

3

"Do único modo possível" ficou bastante diferente do que eu havia planejado. Levei bastante tempo para escrever este livro. De uma forma ou de outra, trabalhei nele durante quase 15 anos. Isso porque me custou muito formular os pensamentos que contém. Às vezes, as engrenagens giram devagar. Este livro nasceu de minha convivência com um lobo; mas ainda guardo uma sensação, muito palpável, de que ainda não compreendi inteiramente o que ele é.

A clareira

Em certo sentido, é autobiográfico. Todos os acontecimentos descritos aqui aconteceram comigo. Por outro lado, não se trata de uma autobiografia; pelo menos, não uma boa biografia. Se há um protagonista no livro, é claro que não sou eu. Sou apenas um figurante tropeçando no fundo do cenário. Boas autobiografias são ricamente povoadas com outras pessoas. Mas o que chama a atenção, neste livro, é a ausência de outras pessoas. Você poderá encontrar espectros de outras pessoas, mas isso é tudo. Para proteger a privacidade desses espectros, pois não sei se ficariam entusiasmados em aparecer, mudei seus nomes. E quando há outras coisas que desejo resguardar, abstenho-me de citar locais e períodos. Boas autobiografias são também detalhadas e abrangentes. Aqui, entretanto, os detalhes são esparsos e as lembranças, seletivas. O livro é conduzido pelo que aprendi em minha vida com Brenin, e eu o organizei em torno dessas lições. Com essa finalidade, enfoquei principalmente os acontecimentos relacionados aos pensamentos que eu queria desenvolver. Outros episódios, alguns significativos, foram ignorados e logo se perderão no tempo. Quando detalhes específicos sobre acontecimentos, pessoas e cronologia ameaçaram sobrepujar os pensamentos que eu desejava desenvolver, excluí-os sem piedade.

Se esta acabou não sendo a minha história, também não é, de fato, a história de Brenin. Claro, o livro foi desenvolvido em torno de diversos fatos que ocorreram em nossa vida juntos. Mas raramente procuro entender o que se passa na mente dele durante esses acontecimentos. Apesar de ter vivido com ele por mais de uma década, não sei se tenho competência para fazer tais julgamentos, exceto nos casos mais simples. E muitos dos fatos que descrevo — e dos assuntos que discuto através deles — não são simples. Brenin aparece neste livro — acredito firmemente — como uma presença concreta e reflexiva. Mas aparece também de modo bem diferente: como um símbolo, ou uma metáfora, de um aspecto meu que, talvez, não exista mais. Assim, surpreendo-me às vezes escorregando em uma conversa metafórica a respeito do que o lobo "sabe". Se isso fosse tomado como especulação empírica sobre o verdadeiro conteúdo da mente de Brenin, tais alegações seriam ridiculamente antropomórficas. Mas lhes asseguro que elas não têm esse objetivo. Da mesma forma, quando falo sobre as lições que aprendi com Brenin, estas são experiências viscerais e fundamentalmente não cognitivas. Não as aprendi estudando Brenin, mas com o fato de termos percorrido juntos os caminhos de nossas vidas. E só compreendi muitas das lições depois que ele se foi.

Este livro também não constitui um tratado de filosofia, pelo menos não no sentido específico em que fui treinado, e que seria aprovado por meus colegas de profissão. Existem argumentações. Mas não há nenhuma progressão de premissas até conclusões. Pelo contrário, fiquei impressionado com a sobreposição de discussões neste livro. Fiquei impressionado ao notar que um assunto que eu supunha resolvido em um capítulo teimava em reaparecer mais tarde, sob nova forma. Isso, ao que parece, faz parte da natureza de uma investigação. A vida raramente permite uma resolução por completo.

Os pensamentos que guiam este livro são meus; entretanto, em um sentido importante, não são meus. Não porque sejam de outra pessoa — embora se possa distinguir com clareza a influência de pensadores como Nietzsche, Heidegger, Camus, Kundera e o falecido Richard Taylor. Mas porque — e mais uma vez tenho que recorrer a uma metáfora — creio que há certos pensamentos que só podem emergir no espaço que existe entre um lobo e um homem.

Em nossos primeiros tempos, Brenin e eu costumávamos tirar algumas semanas de férias em Little River Canyon, na extremidade nordeste do Alabama, onde (ilegalmente) armávamos uma barraca. Passávamos os dias tremendo de frio e uivando para a lua. O *canyon* era estreito e profundo. Era com relutância que o sol abria caminho através das densas folhagens dos carvalhos e das bétulas; e quando passava sobre a escarpa oeste, as sombras se congelavam. Após cerca de uma hora caminhando por uma trilha esquecida, entrávamos na clareira. Se cronometrássemos bem as coisas, o sol estaria dando o beijo de despedida nos lábios do *canyon*, e a luz dourada reverberando no espaço aberto. Então as árvores, antes obscurecidas, avultavam em seu vigoroso esplendor ancestral. A clareira é o espaço que permite que as árvores saiam da escuridão para a luz. Os pensamentos que formam este livro emergiram em um espaço que já não existe, e não teriam sido possíveis — ao menos não para mim — sem este espaço.

A clareira

O lobo deixou de existir e, portanto, o espaço deixou de existir. Quando examino o livro, acho incríveis os pensamentos que contém. Que eu tenha sido o autor deles é uma descoberta estranha para mim. Mas já não são meus pensamentos, porque, embora acredite neles e assegure que são verdadeiros, eu não seria capaz de formulá-los novamente. São os pensamentos da clareira. São os pensamentos que existem no espaço que há entre um homem e um lobo.

2

Irmão lobo

1

Brenin nunca deitava na traseira do jipe. Gostava de ver o que vinha pela frente. Certa vez, há muitos anos, dirigimos de Tuscaloosa, Alabama, até Miami — cerca de 1.300 quilômetros — e retornamos. Durante cada centímetro do caminho, ele permaneceu de pé, bloqueando, com seu corpanzil, grande parte da luz do sol e toda a visão atrás. Mas, dessa vez, em nossa pequena viagem até Béziers, ele não se manteve em pé; não conseguia. Eu o estava levando para o local onde ele deveria morrer. Dissera a mim mesmo que, se ele permanecesse em pé, mesmo que por parte da viagem, eu lhe daria mais um dia; mais 24 horas à espera de um milagre. Mas agora eu sabia que estava tudo acabado. Meu amigo dos últimos 11 anos estava para partir. E eu não sabia que tipo de pessoa ele estava deixando para trás.

O escuro inverno francês não poderia ter oferecido um contraste maior com aquela noite clara do Alabama, no início de maio, pouco mais de uma década antes, quando, pela primeira vez, eu trouxe Brenin para minha casa e para meu mundo. Ele estava com seis semanas. Dois minutos depois de sua chegada — e não estou exagerando — ele já tinha arrancado as cortinas da sala (de ambos os lados!) dos trilhos e as largara pelo chão. Em seguida, enquanto tentava recolocá-las, ele achou o caminho para o jardim e para debaixo da casa. Nos fundos, a casa ficava acima do solo. Era possível alcançar o porão mediante uma porta na parede de tijolos — que, obviamente, eu deixara aberta.

Ele entrou embaixo da casa e então começou — metódica, meticulosa e, acima de tudo, rapidamente — a despedaçar todos os macios encanamentos que distribuíam o ar-condicionado para várias aberturas no assoalho. Era a típica atitude de Brenin, em face do novo e desconhecido. Ele gostava de ver o que aconteceria. Explorava as coisas, subia nelas. Depois as destruía. Ele me pertencia havia apenas uma hora e já me custara mil dólares — 500 para comprá-lo e 500 para consertar o sistema de refrigeração. E, naqueles tempos, essa quantia representava quase 5% do meu salário anual bruto. Esse padrão de comportamento iria se repetir — frequentemente de modo criativo — ao longo de todos os anos de nossa associação. Lobos não saem barato.

Então, se você estiver pensando em adquirir um lobo, ou uma mistura de cão e lobo, a primeira coisa que eu lhe diria é: não faça isso! Nunca faça isso; nem mesmo pense em fazer isso. Lobos não são cães. Mas se você for tolo o bastante para persistir, eu lhe diria que sua vida mudará definitivamente.

2

Eu estava havia uns dois anos em meu primeiro emprego — professor-assistente de Filosofia na Universidade do Alabama, em uma cidade chamada Tuscaloosa. "Tuscaloosa" é uma palavra *choctaw* que significa *black warrior*, ou guerreiro negro. O grande rio Black Warrior atravessa a cidade. Tuscaloosa é mais conhecida por seu time de futebol americano, o Crimson Tide, ou maré vermelha, pelo qual os moradores locais torcem com um ardor que ultrapassa o fervor religioso — que também é grande. Acho justo dizer que eles desconfiam mesmo é da filosofia — e quem poderá criticá-los? A vida era boa; eu me divertia muito em Tuscaloosa. Mas eu crescera na companhia de cães — grandes, em sua maioria, como dogues alemães — e sentia falta deles. Então, certa tarde, vi-me percorrendo a seção de classificados do *Tuscaloosa News*.

Durante grande parte de sua vida relativamente curta, os Estados Unidos da América adotaram uma política de erradicação sistemática dos lobos — mediante tiros, envenenamento, armadilhas, quaisquer meios que fossem necessários. O resultado foi que, praticamente, já não existem lobos selvagens em liberdade nos 48 estados contíguos. Agora que essa política foi abandonada, os lobos começaram a reaparecer em partes do Wyoming, Montana e Minnesota. E em algumas ilhas dos Grandes Lagos. O exemplo mais famoso é a Isle Royale, ao largo da costa norte do Michigan, onde o naturalista David Mech realizou pesquisas inovadoras sobre o comportamento dos lobos. Os lobos também foram reintroduzidos, sob protestos veementes dos fazendeiros, no mais famoso dos parques naturais americanos, o Yellowstone.

Esse ressurgimento da população de lobos, no entanto, não chegou ao Alabama, nem ao Sul, em geral. Existem muitos coiotes. E alguns lobos vermelhos nos pântanos da Louisiana e a leste do Texas — embora ninguém saiba ao certo o que eles são; podem muito bem ser resultado da histórica hibridização de lobos e coiotes. Mas os lobos da floresta, ou lobos cinzentos, como são às vezes chamados (incorretamente, pois podem ser negros, brancos e marrons), são uma lembrança distante nos estados do Sul.

Por conseguinte, fiquei um tanto surpreso quando meus olhos foram atraídos por um anúncio: filhotes de lobo, 96%. Após um rápido telefonema, pulei no carro e fui até Birmingham, cerca de uma hora na direção nordeste, sem estar muito certo do que iria encontrar. E foi assim que, um pouco mais tarde, estava cara a cara com o maior lobo que já vira, ou de que já ouvira falar. O proprietário me levou até os fundos da casa, onde estava o canil que abrigava os animais. Quando o lobo pai — que se chamava Yukon — nos ouviu chegar, pulou na porteira do canil, surgindo de repente.

Era enorme e imponente. Erguido nas patas traseiras, era um pouco mais alto do que eu. Eu tinha que olhar para cima a fim de ver seu rosto e seus estranhos olhos amarelos. Mas era de seus pés que eu iria me lembrar para sempre. As pessoas não imaginam — eu com certeza não imaginava — como são grandes os pés dos lobos, muito maiores que os dos cães. Os pés foram a primeira coisa que notei em Yukon, quando ele saltou para se apoiar na porteira do canil. Ficaram pendurados lá, muito maiores que meus punhos, do tamanho de luvas de beisebol.

Eis uma das primeiras perguntas que me fazem a respeito de como é possuir um lobo: você não tem medo dele? Respondo que não, claro. Eu gostaria de acreditar que é porque sou inusitadamente corajoso. Mas tal hipótese se desfaz diante de uma quantidade enorme de indícios contrários. Por exemplo, preciso de várias doses de bebida forte antes de colocar meus pés em um avião. Portanto, não creio que alegação alguma de bravura possa se sustentar. Mas fico muito à vontade na proximidade de cães. E isto se deve à minha criação: sou o produto disfuncional de uma família bastante disfuncional. Felizmente a disfunção se restringia — tanto quanto eu saiba — à nossa interação com cachorros.

Quando eu era pequeno, estava com 2 ou 3 anos, costumávamos fazer uma brincadeira com Boots, nosso labrador. Ele se deitava e nós nos sentávamos sobre ele, segurando sua coleira. Então meu pai o chamava. Boots, rápido como um raio quando jovem, punha-se de pé e corria em uma fração de segundo. Meu trabalho — o objetivo da brincadeira — era cavalgá-lo, agarrado à coleira. Eu jamais conseguia. Era como se eu fosse a louça do jantar e alguém puxasse a toalha da mesa embaixo de mim. Às vezes, eu caía sentado no lugar onde Boots estivera deitado, com uma expressão atarantada. Outras vezes, no entanto, Boots errava o jogo, e eu era jogado no chão de cabeça para baixo. Mas nesse jogo qualquer dor era tratada como coisa irrelevante, e eu me levantava da grama exultante, pedindo uma chance para tentar de novo. É provável que, nos dias de hoje, já não se consiga fazer isso, em nossa cultura cronicamente avessa aos riscos e neurótica em relação à possibilidade de que as crianças quebrem ossos. Alguém, com certeza, iria chamar os serviços de assistência ao menor ou os de proteção aos animais — se não ambos. Mas lembro-me de que lamentei o dia em que meu pai disse que eu já estava muito grande e pesado para fazer aquela brincadeira com Boots.

Em retrospectiva, percebo que, com relação a cães, minha família — e, em decorrência, eu — simplesmente não era normal. Costumávamos trazer para casa dogues alemães recolhidos em abrigos. Às vezes, eram animais adoráveis. Outras, psicóticos, com certeza. Um dogue batizado sem muita criatividade — não por nós — de Blue, Azul, por causa de sua cor, é um bom exemplo do que estou falando. Blue tinha cerca de 3 anos quando meus pais o adotaram. Era fácil entender por que fora parar em um abrigo. Blue tinha um passatempo: morder pessoas e outros animais sem a menor distinção. Tinha também várias outras, por assim dizer, idiossincrasias. Uma delas era não permitir que as pessoas deixassem o aposento em que ele se encontrava. Ninguém podia se dar ao luxo de permanecer em uma sala com Blue, estando desacompanhado. Precisaria de alguém para distraí-lo, se quisesse sair de perto. Quem ficasse, logicamente, iria precisar de outra pessoa para distrair Blue quando fosse sair. E assim era a vida com Blue. Uma falha em distraí-lo de forma adequada, antes de sair de um aposento, muitas vezes resultaria em uma cicatriz permanente no traseiro de alguém. Perguntem ao meu irmão, Jon.

A anormalidade da minha família não se evidenciava apenas na boa vontade em aceitar as idiossincrasias de Blue — em vez de enviá-lo para um veterinário com um bilhete só de ida, como faria qualquer família normal. Mais do que isso, evidenciava-se no modo de encarar essa perturbadora faceta de Blue como uma fonte de enorme hilaridade — como um jogo muito divertido, na verdade. É provável que a maioria das pessoas pensasse, corretamente, que Blue era uma ameaça constante aos traseiros e talvez à vida de muita gente; e que, levando tudo em consideração, o mundo estaria melhor sem ele. Mas minha família adorava o jogo. Acho que todos os membros têm marcas das idiossincrasias de Blue — e não só em seus traseiros. Apenas eu escapei, mas porque saí de casa para fazer faculdade na época em que ele surgiu em cena. Entretanto, as mordidas não eram vistas como fatos preocupantes, mas situações levemente ridículas, que provocavam risos.

A insanidade, claro, é uma coisa que afeta muitas famílias; seria pedir demais querer que eu escapasse. Há alguns anos, eu fazia uma brincadeira diária com a dogo argentina que vivia perto da minha casa, em um vilarejo da França. Os dogos são cães brancos grandes e poderosos, como versões muito maiores dos pit bulls, que foram banidos do Reino Unido com o Decreto dos Cães Perigosos. Quando ela era filhote, sempre que me via, corria empolgada até a cerca do jardim, para

Irmão lobo

que eu lhe fizesse uns afagos. Quando ficou mais velha, não mudou de comportamento. Mas, a certa altura, decidiu que, considerando tudo, seria uma boa ideia me morder também. Felizmente para mim, embora grandes e fortes, os dogos não são rápidos. Nem particularmente inteligentes: eu quase podia ver as engrenagens rodando dentro de sua cabeça, enquanto ela avaliava as possibilidades e consequências de me morder. Assim, todos os dias, praticávamos o mesmo jogo. Eu passava; ela pulava na cerca; eu fazia alguns afagos em sua cabeça; ela se deleitava com os tapinhas durante alguns segundos, enfiando o nariz em minha mão, sacudindo a cauda alegremente; de repente, seu corpo se enrijecia e sua boca se apertava. Então, ela tentava me morder. Para ser justo, devo dizer que, na minha opinião, não era uma tentativa séria. Ela gostava de mim, mas se sentia obrigada a me morder, por causa das companhias com quem eu andava (como veremos, ela tinha boas razões para não gostar dos meus acompanhantes — sobretudo um deles). Eu retirava a mão no momento exato; suas mandíbulas mordiam o ar; eu dizia *à plus tard* e lhe desejava melhor sorte no dia seguinte. Detestaria pensar que a estava atormentando. Era apenas um jogo — e eu estava curioso em saber quanto tempo demoraria até que ela parasse de tentar me morder. Ela nunca parou.

De qualquer forma, nunca tive medo de cães. E isto se transferiu naturalmente para os lobos. Cumprimentei Yukon do mesmo modo que cumprimentaria um dogue alemão desconhecido — de modo relaxado e amigável, mas observando os protocolos-padrão. Yukon mostrou que não tinha nada a ver com Blue, ou mesmo com minha amiga dogo. Era um lobo de boa índole, confiante e sociável. Mas mal-entendidos acontecem, claro, mesmo com os melhores animais. O motivo mais conhecido para que os cães mordam — e desconfio que o mesmo se aplique aos lobos — é quando eles perdem nossas mãos de vista. Você estende a mão para fazer uns afagos na cabeça ou pescoço do cachorro. Ao perder de vista a sua mão, o cão fica nervoso, acha que vai ser atacado e, por conseguinte, morde. É uma mordida de medo — o tipo mais comum. Então, deixei que Yukon cheirasse minha mão e lhe fiz uns afagos na parte da frente de seu pescoço, e em seu peito, até que se acostumasse comigo. E nos demos muito bem.

A mãe de Brenin, Sitka, era tão alta quanto Yukon, mas muito mais magra e muito menos corpulenta. Era mais parecida com um lobo, de acordo com as fotos de lobos que eu já vira — comprida e magra. Existem numerosas subespécies de lobos. Sitka, me disseram, era um lobo da tundra do Alasca. Yukon, por sua vez, era um lobo do vale Mackenzie, no noroeste do Canadá. Suas diferenças físicas deviam-se às suas diferentes subespécies.

Sitka estava preocupada demais com os seis ursinhos que corriam em torno dela para me dedicar muita atenção. Ursinhos é a melhor palavra que encontro para descrevê-los — redondos, fofos e peludos, sem nenhuma aresta. Alguns eram ursos cinzentos e outros, ursos marrons — três machos e três fêmeas. Minha intenção era dar uma olhada nos filhotes e voltar para casa. Queria analisar cuidadosa e sobriamente se estava preparado para assumir a responsabilidade de ser dono de um lobo, e assim por diante. Ao ver os filhotes, no entanto, percebi que iria levar um deles para casa — naquele mesmo dia. De fato, saquei depressa o talão de cheques. Quando o criador me disse que não aceitava cheques, disparei até o caixa eletrônico mais próximo, para sacar o dinheiro.

Escolher o filhote foi mais fácil do que pensei. Em primeiro lugar, eu queria um macho. Havia três machos. O maior — na verdade, o maior da ninhada — era cinzento; eu tinha certeza de que seria a imagem cuspida e escarrada do pai. E sabia o bastante a respeito de cães para perceber que ele seria problemático. Totalmente destemido, enérgico, dominava os irmãos. Estava destinado a ser o macho alfa e iria precisar de muito controle. Com imagens de Blue passando diante de mim, e como seria meu primeiro lobo, decidi valorizar mais a circunspecção. Assim, escolhi o segundo maior filhote da ninhada. Era marrom e sua cor me lembrava a de um filhote de leão. Assim, dei-lhe o nome de Brenin — a palavra galesa para rei. Sem dúvida, ele ficaria muito aborrecido se soubesse que seu nome fora inspirado em um felino.

Mas não parecia um felino, de modo nenhum. Parecia mais um desse filhotes de urso que a gente vê no Discovery Channel, seguindo a mãe no Parque Nacional de Denali, no Alasca. Com seis semanas de idade, era marrom com pintas negras. A parte de baixo, na cor creme, ia da ponta da cauda até embaixo do focinho. Como um filhote de urso, ele era largo: pés grandes, pernas grandes e cabeça grande. Seus olhos eram de um amarelo bem escuro, quase cor de mel — e essa característica jamais se modificou. Eu não diria que ele era "amigável" — pelo menos não do modo como os cachorrinhos são amigáveis. Mesmo com grande esforço de imaginação, não posso dizer que ele era entusiástico, efusivo ou ansioso por agradar. Ao contrário, a desconfiança era sua característica comportamental predominante — e isto também nunca se modificou, exceto com relação a mim.

É estranho. Consigo me lembrar de todas essas coisas sobre Brenin, Yukon e Sitka. Lembro que segurei Brenin perto do rosto e olhei dentro de seus olhos amarelos. Ainda posso sentir a textura macia de seus pelos de filhote em minhas mãos, enquanto o segurava. Com clareza, ainda vejo Yukon de pé sobre as pernas traseiras, olhando para mim, com os pés enormes pendurados na porteira do canil. Ainda consigo ver os irmãos e irmãs de Brenin correndo em volta do cercado, caindo uns por cima dos outros e se pondo de pé, exultantes. Mas, da pessoa que me vendeu Brenin, não me lembro de quase nada. Alguma coisa já estava em andamento, um processo que se tornaria cada vez mais marcante com a passagem dos anos. Eu já estava começando a perder o interesse nos seres humanos. Quando você possui um lobo, ele preenche sua vida de um modo que um cão raramente faz. E a companhia humana se torna cada vez mais insignificante para você. Lembro-me de detalhes de Brenin, de seus pais e irmãos — qual aparência tinham, como era a textura de seus pelos, o que faziam, os sons que emitiam. Posso até me recordar de seus cheiros. Esses detalhes, com toda sua vívida complexidade, riqueza e glória, ainda estão tão claros em minha mente, hoje, quanto estavam naquele dia. Do dono dos animais, só relembro alguns traços básicos. Acho que me lembro de sua história — mas não do homem.

Ele viera do Alasca, trazendo um casal de lobos. Entretanto, é proibido — não me lembro se por lei estadual ou federal — comprar, vender ou possuir lobos puro-sangue. Você pode comprar, vender e possuir mestiços de lobos com cães. A proporção lupina permitida é de no máximo 96%. Mas o homem me garantiu que eles eram lobos puros, na verdade, não mestiços de lobos com cães. Como algumas horas antes eu nem sabia que era possível possuir um lobo-cão, não me importei muito. Paguei ao homem os 500 dólares que retirara do caixa automático, limpando minha conta bancária, e levei Brenin para casa naquela mesma tarde. E lá começamos a forjar os termos de nossa parceria.

3

Depois da fúria destrutiva inicial, que durou cerca de 15 minutos, Brenin caiu em profunda depressão, estabelecendo um covil sob a minha escrivaninha e se recusando a sair ou comer. Isso durou uns dois dias. Presumi que ele estava desolado por ter se separado de seus irmãos e irmãs. Fiquei muito triste por ele e me senti culpado. Gostaria de ter trazido um irmão ou irmã para lhe fazer companhia, mas simplesmente não tinha dinheiro. Após um dia ou dois, no entanto, seu humor começou a melhorar. E quando isso aconteceu, a primeira regra de nossa adaptação mútua tornou-se clara — muito clara, na verdade. A regra era que Brenin nunca fosse, jamais, sob nenhuma circunstância, deixado sozinho em casa. Não observar esta regra acarretava sérias consequências para a casa e seu conteúdo; o destino das cortinas e dos canos do condicionador de ar eram apenas um suave lembrete das verdadeiras possibilidades. As consequências incluíam a destruição de toda a mobília e dos tapetes, com uma opção de sujeira reservada para estes últimos. Os lobos, eu aprendi, ficam entediados muito, muito depressa. Deixados por conta própria, bastam 30 segundos. Quando Brenin ficava entediado, mastigava as coisas ou urinava nelas; ou, ainda, mastigava as coisas e, em seguida, urinava nelas. Muito de vez em quando, urinava nas coisas antes e mastigava depois, mas acho que isso se devia ao fato de que, na excitação, esquecia-se da ordem exata dos procedimentos. Mas o fato era que, aonde quer que eu fosse, Brenin tinha que ir também.

Claro que quando o "eu" em questão é um lobo, a regra de "aonde você for eu também vou" exclui a maioria das formas de emprego remunerado. Este é apenas um dos motivos, entre muitos, para não possuir um lobo. No entanto, tive sorte. Para começar, eu era professor universitário — e não precisava ir para o trabalho com muita frequência. E ainda melhor: Brenin chegou durante o hiato de três meses das férias de verão, quando eu não tinha que ir para o trabalho de modo algum. Isso me proporcionou tempo suficiente para não só me familiarizar com o enorme apetite de Brenin por destruição, como também para prepará-lo para as viagens que ele, obviamente, teria que fazer comigo, quando me deslocasse para o trabalho.

Algumas pessoas dizem que não se pode treinar lobos. Estão completamente enganadas; pode-se treinar qualquer animal, desde que o método seja adequado — esta é a parte difícil. Para lobos, há muitos métodos errados e, tanto quanto eu saiba, somente um certo. Mas isso também se aplica aos cães. A concepção errada mais comum é, talvez, a de que o treinamento tem alguma coisa a ver com o ego. Muitos pensam que o treinamento é uma batalha entre vontades, na qual o cão terá que ser pressionado a obedecer. De fato, quando falamos em alguém ser "colocado de joelhos", é isso o que temos em mente. O erro cometido por esses indivíduos é encarar o treinamento como coisa pessoal. Qualquer relutância por parte do cão é vista como um menosprezo — um insulto à masculinidade (quem vê o treinamento dessa forma é geralmente um homem). Então, é claro, as pessoas acabam se tornando desagradáveis. A primeira regra no treinamento de um cão é, ou deveria ser, a de que não há nada pessoal envolvido. O treinamento não é uma batalha de vontades. Achar que é leva a resultados desastrosos. Treinado desse jeito, um cão grande e agressivo provavelmente não se tornará, quando crescer, um animal muito amável.

O erro oposto é pensar que a obediência do cão pode ser obtida não com dominação, mas com recompensas, que podem assumir diferentes formas. Algumas pessoas, obsessivamente, jogam guloseimas nas bocas de seus cães quando estes cumprem as tarefas mais fáceis. O resultado mais óbvio é um cachorro gordo que se recusará a obedecer seu dono quando desconfiar de que nenhuma guloseima será oferecida, ou quando estiver distraído com alguma coisa — um gato, outro cão, um corredor etc. — que considere mais interessante que um petisco.

Mais frequentemente, entretanto, a "recompensa" assume a forma de baboseiras fúteis que insistem em dizer ao cachorro. "Bom menino"... "Que menino esperto"... "Isso mesmo"... "Dê a pata"... "Que cachorro inteligente..." — e por aí vai. E muitas vezes acompanham essa tagarelice com pequenos puxões na coleira para, acreditam eles, reforçar a mensagem. Esse é, exatamente, o método de não se treinar um cão — e não tem a mais remota possibilidade de funcionar com um lobo. Se você está sempre falando com seu cão, ou dando pequenos puxões em sua coleira, ele não precisa observar você. Na verdade, ele não dará a mínima para você. Fará o que quiser, certo de que você lhe dirá o que está acontecendo — e irá considerar ou descartar a informação, conforme lhe pareça melhor.

As pessoas que pensam que a obediência de seu cão pode ser comprada são as mesmas que pensam — e ouvi isso muitas vezes — que seu cão, basicamente, quer fazer o que o dono mandar. Quer sempre agradar e só precisa que lhe expliquem como fazer isso, o que evidentemente não faz sentido. Seu cão não quer lhe obedecer mais do que quer obedecer a qualquer pessoa. Por que deveria? A chave no treinamento de um cão é fazê-lo pensar que ele não tem escolha. Não porque sinta que perdeu uma batalha de vontades, mas em decorrência de uma atitude de inevitabilidade, calma mas impiedosa, que você deve assumir no treinamento. Em uma batalha de vontades, você estará dizendo ao seu lobo: você vai fazer o que eu mando — não lhe dou escolha. Mas a atitude certa para treinar um lobo é: você vai fazer o que a situação exige — essa situação não admite outra opção. Você não está reagindo a mim, mas ao mundo. Talvez isso seja um pobre consolo para o lobo, ainda que, certamente, ajude a colocar o treinador em seu próprio lugar — não como autoridade dominante e arbitrária, cuja vontade tem de ser obedecida a qualquer custo, mas como educador que permite ao lobo entender o que o mundo exige. De todos os métodos de treinamento de cães, o método Koehler é o que eleva esta atitude a uma forma de arte.

Quando eu era criança — 6 ou 7 anos —, costumava ir ao cinema aos sábados com meus amigos. Minha mãe me dava 10 centavos e nós caminhávamos uns 3 quilômetros até a cidade. Eu pagava 5 *pence* pelo ingresso, e 3,5 *pence* por uma lata de MacCola, que incrivelmente não era vendida pelo McDonald's — ainda ausente no País de Gales —, mas por uma rede de peixarias chamada MacFisheries. Só me lembro de um filme daquela época, *Os Robinsons Suíços,* e somente de uma cena deste filme: os avanços de um tigre, um tanto indesejáveis, eram repelidos pelos dois grandes dogues da família. Obviamente, a cena me causou profunda impressão — sem dúvida porque fui criado na companhia de dogues alemães. Foi dirigida por um treinador de animais, William Koehler. Com seis anos de idade, eu jamais iria acreditar — mas sem dúvida ficaria deliciado em saber — que dentro de vinte anos usaria os métodos de Koehler para treinar um lobo.

Isso aconteceu por intermédio de uma das fortuitas coincidências que têm ocorrido em minha vida. Na biblioteca da Universidade do Alabama, encontrei um livro intitulado *Adam's Task* (A tarefa de Adão), de Vicki Hearne. Hearne era uma treinadora profissional de animais que juntava sua profissão com um interesse diletante por filosofia. Não há muita gente assim por aí. É verdade que ela era melhor treinadora que filósofa — sua linha de pensamento parecia consistir, na maior parte, em uma versão algo confusa da filosofia da linguagem desenvolvida pelo filósofo austríaco Ludwig Wittgenstein. No entanto, achei seu livro interessante e instigante. Sua filosofia da linguagem podia ser confusa, mas havia um ponto em que ela não deixava dúvidas: o melhor treinador de cães que havia, disparado, era William Koehler. Quando Brenin entrou em cena, portanto, tive uma boa ideia a respeito de quem deveria procurar, ditada, entre outras coisas, pela solidariedade filosófica.

Aqui entre nós: Koehler é um tanto psicopata. Em certas circunstâncias, seu método de treinamento envolve excessos que, pessoalmente, não tenho interesse em adotar. Por exemplo, se o seu cão insiste em fazer buracos no jardim, as instruções de Koehler são para que você encha um buraco de água e enfie nele a cabeça de seu cão. E então — ouçam isso — repita isso por cinco dias, quer seu cachorro tenha escavado mais buracos ou não. A ideia é criar no cão uma aversão a buracos. O método é baseado em sólidos princípios behavioristas, e é quase certo que funciona. Presumivelmente, é o tipo de método que os militares americanos adaptaram para torturar insurgentes, e alguns passantes sem sorte, em

Abu Ghraib (não achei nenhuma referência à prática do "afogamento" no livro de Koehler, mas acho que ele a teria aprovado).

Os conselhos de Koehler me teriam sido muito úteis na fase em que Brenin gostava de cavar tocas, uma "fase" que demorou quase quatro anos. Durante esse tempo, meu jardim — na verdade, havia mais de um jardim envolvido na história — foi transformado em alguma coisa que lembrava a Batalha do Somme. Mas nunca tive coragem de colocar aqueles conselhos em prática: sempre gostei muito mais de Brenin que do meu jardim. De qualquer forma, a paisagem de guerra de trincheiras tinha um certo charme, que começou a me agradar depois de algum tempo.

Entretanto, removidos os excessos, o método de Koehler é baseado em um princípio muito simples e eficaz: você deve treinar seu cão/lobo para observar você. A chave para o treinamento de Brenin — e serei eternamente grato a Koehler por ter razão nisso — foi levá-lo a me observar, calma e impiedosamente. Fazer o animal olhar o que você está fazendo, e aceitá-lo como líder, é a pedra de toque do treinamento — quer o animal seja um lobo, quer seja um cão. Mas é particularmente importante no caso de um lobo, pois é mais difícil conseguir que um lobo faça isso. Os cães o fazem naturalmente; mas os lobos têm que ser persuadidos. O motivo pode ser encontrado em suas diferentes histórias.

4

Durante as últimas décadas, têm surgido alguns estudos com o objetivo de avaliar qual dos animais é o mais inteligente — o lobo ou o cão. Tais estudos, a meu ver, convergem para uma única resposta: nem um, nem outro. A inteligência dos lobos e dos cães é diferente, porque foi moldada por ambientes diferentes e é, por conseguinte, uma resposta a diferentes necessidades e exigências. De modo geral, o quadro é o seguinte: lobos são mais hábeis que cães em tarefas que apresentam problemas, enquanto os cães são melhores em tarefas que exigem treinamento.

No primeiro caso, a tarefa requer que o animal execute algum raciocínio do tipo "meios para atingir um fim". Por exemplo, Harry

Frank, um professor de psicologia na Universidade de Michigan-Flint, relata como um de seus lobos aprendeu, sozinho, a abrir a porta do canil. Fazer isso exigia que, primeiramente, a maçaneta fosse empurrada na direção da porta, e depois girada. Frank relata que um cachorro — um malamute que também vivia no canil — observou o lobo abrir a porta durante seis anos, diversas vezes por dia, mas nunca aprendeu a fazê-lo. Um mestiço de malamute com lobo adquiriu a habilidade após duas semanas. Mas uma loba aprendeu o truque depois de observar o mestiço apenas uma vez. E não utilizou a mesma técnica do mestiço: ele usava o focinho, ela usou as patas. Isso parece demonstrar que ela entendeu a natureza do problema e o que deveria ser feito para solucioná-lo, e que não estava simplesmente imitando o comportamento do mestiço.

Seguidos testes demonstraram que os lobos suplantam os cães nos casos de "meios para atingir um fim". Os cães, no entanto, suplantam os lobos nos testes que exigem instruções ou treino. Em um teste desse tipo, por exemplo, cães e lobos deveriam executar uma volta para a direita quando uma luz piscasse. Os cães podiam ser treinados para fazer isso; os lobos, aparentemente, não — pelo menos, enquanto duraram os testes.

No primeiro caso, o problema a ser resolvido é um problema mecânico. O efeito desejado é sair do canil; só existe um meio, e apenas um, para se atingir essa finalidade: a maçaneta da porta tem de ser manipulada apropriadamente e em determinada ordem. Mas no teste de treinamento, não há uma relação mecânica entre a luz que pisca e uma volta para a direita. Por que uma volta para a direita e não para a esquerda? Para que virar, afinal de contas? A ligação entre a luz que pisca e o comportamento requerido a seguir é arbitrária.

É fácil entender por que existe essa diferença de comportamento entre lobos e cães. Os lobos vivem em um mundo mecânico. Se, por exemplo, houver uma árvore tombada, precariamente equilibrada sobre um rochedo, o lobo percebe que é má ideia passar ali embaixo. No passado, os lobos que não conseguiam perceber isso tinham muito mais probabilidades de ser esmagados pela queda de objetos do que os que podiam fazê-lo. O ambiente do lobo, portanto, selecionou a inteligência mecânica.

Vamos compará-lo com o ambiente do cão. O cão vive no que é, para ele, um mundo mágico, em vez de mecânico. Quando viajo a trabalho, sempre telefono para casa e falo com minha esposa, Emma. Nina, nossa mestiça de malamute com pastor alemão, fica muito excitada quando ouve minha voz. Então, começa a latir e pular. Se Emma estiver segurando o fone, Nina o lambe entusiasticamente. Cães ficam à vontade com mágica. Quem poderia imaginar que a voz do macho alfa da matilha poderia se materializar do nada, enquanto alguém segura aquela coisa engraçada que fica na mesa? E quem poderia imaginar que apertar uma pecinha na parede pode transformar a escuridão em luz? O mundo do cão não faz sentido, mecanicamente. E mesmo se fizesse, os meios para controlá-lo estão além das habilidades do cão. Ele não pode alcançar a pecinha na parede. Não pode discar um número no telefone. E não pode inserir uma chave na fechadura.

Tenho que tomar cuidado, neste ponto, para não me empolgar, e mergulhar em uma aula sobre cognição incorporada e situada. O que me tornou mais conhecido em minha vida profissional foi, provavelmente, o fato de que fui um dos arquitetos de uma teoria que incorpora e situa a mente humana no mundo circundante. As atividades mentais não se limitam a ocorrer no interior de nossas mentes — não são simplesmente processos cerebrais. Em vez disso, envolvem as atividades que realizamos no mundo: em particular, a manipulação, transformação e exploração de relevantes estruturas ambientais. E a aula já está a todo vapor. O expoente dessa visão foi o psicólogo soviético Lev Vigotski, que, juntamente com seu colega Anton Luria, demonstrou como muitos processos de lembrança, entre outras atividades mentais, se modificaram com o desenvolvimento de dispositivos externos para armazenar informações. A extraordinária memória natural das culturas primitivas definha gradualmente, à medida que confiamos cada vez mais na linguagem escrita como um meio de se armazenar nossas memórias. Na escala de tempo evolucionária, o desenvolvimento da linguagem é, claro, um fenômeno bem recente. Apesar disso, seu efeito na memória e em outras atividades mentais tem sido profundo.

Para encurtar uma aula longa, o cão foi situado em um ambiente muito diferente daquele do lobo. Portanto, seus processos psicológicos e aptidões se desenvolveram de formas diferentes. Em particular, o cão foi obrigado a confiar em nós. Mais do que isso, desenvolveu a capacidade de nos usar para resolver seus diversos problemas, cognitivos e outros. Para os cães, somos dispositivos de processamento de informações bastante úteis. Nós, humanos, somos parte da mente estendida do cão. Quando um cão enfrenta um problema mecânico que acha impossível de resolver, o que ele faz? Recorre à nossa ajuda. Enquanto escrevo esta frase, sou agraciado com um exemplo simples, porém vívido, deste princípio. Nina quer ir para o jardim. Como não sabe abrir a porta, fica de pé diante dela e olha para mim. Se eu não a visse, ela daria um curto latido. Menina esperta. O ambiente do lobo selecionou a inteligência mecânica. Mas o ambiente do cão selecionou a capacidade de nos usar. Para fazê-lo, os cães têm de ser capazes de nos entender. Quando um cão inteligente enfrenta um problema insolúvel, a primeira coisa que faz é olhar para o rosto de seu dono. É uma atitude natural do cão, aculturado em um mundo de mágica. Um lobo não faz isso. A chave de seu treinamento é conseguir que o faça.

5

Tudo isso, evidentemente, são racionalizações posteriores aos fatos. Brenin era um lobo velho quando publiquei meu primeiro livro sobre esse tipo de assunto. E ainda estou tentando aprimorar o conceito. Mas é interessante como uma teoria que eu só iria desenvolver muitos anos mais tarde me permitiu entender por que o método que escolhi para treinar meu lobo foi tão eficiente — e não posso deixar de pensar que, em algum nível do inconsciente, o processo de treinamento condicionou minha mente de forma a possibilitar que, mais tarde, eu desenvolvesse a teoria. Se assim foi, deve ser mais uma das coincidências já mencionadas.

Seguindo o método de Koehler, iniciei o treinamento de Brenin. Comprei 5 metros de corda, que transformei em uma guia. Íamos então até o grande quintal dos fundos, onde eu colocava três marcadores bem visíveis — no caso, compridas estacas de madeira fincadas no chão. Eu amarrava a corda no enforcador de Brenin. Não acredite em ninguém que lhe diga que enforcadores são coisas cruéis: são fundamentais para um treinamento efetivo, pois transmitem ao cão exatamente o que se quer dele. A mensagem enviada por coleiras comuns é muito menos precisa e, em consequência, o treinamento irá durar mais. Eu caminhava de um marcador para outro — em intervalos irregulares e selecionando os marcadores ao acaso. Fazia isso de forma impassível, sem olhar para Brenin, ou mesmo prestar atenção em sua presença.

Um dos requisitos para um programa de treinamento bem-sucedido é sempre se colocar no lugar de seu cão. Acho irônico e muito divertido que alguns filósofos ainda questionem se os animais têm uma mente — se podem pensar, acreditar, raciocinar ou mesmo sentir. Eles deveriam tirar os narizes dos livros e treinar um cão, durante algum tempo. Um programa de treinamento sempre coloca alguma coisa inesperada em seu caminho. O seu cão não faz o que deveria fazer; e você não vai encontrar a resposta para isso em nenhum livro — nem mesmo um tão cuidadoso e abrangente como o de Koehler. O único recurso que você terá, por conseguinte, é tentar pensar como seu cão. Normalmente, se você fizer isso, conseguirá descobrir o que deve ser feito.

Coloque-se no lugar de Brenin. Se ele disparar em alguma direção, terá 5 metros de corda para ganhar um bom impulso, mas então será detido por um tranco brusco. O efeito será exacerbado se ele estiver disparando em uma direção, enquanto eu caminho em outra. Rápido — muito rápido —, ele vai descobrir que, se quiser evitar essa dor, terá que observar para onde estou indo. Inicialmente, ele tenta fazê-lo nos limites da coleira. Mas isso o torna vulnerável, caso eu me afaste dele bruscamente, que é o que faço. Portanto, ele vem para perto de mim. Tenta então andar um pouco à frente — mas a uma distância em que possa ver o que estou fazendo, com o canto do olho. É uma coisa bem típica, aparentemente. Retifico isso andando na direção dele e esbarrando com o joelho — de modo impassível, não selvagem — em suas costelas. Assim, ele começa a andar atrás de mim. Rapaz esperto. Corrijo isso parando bruscamente e andando de volta, pisando em seus pés, de preferência. Então, compreensivelmente, ele tenta andar o mais longe possível de mim. Mas agora está de novo nos limites da coleira — e isso o torna vulnerável a uma mudança de direção minha — o que, é claro, acontece. E voltamos ao ponto de partida. Tudo isso é feito em silêncio, de forma completamente impassível. É a face calma, mas impiedosa, do método de Koehler. Não há nada de pessoal nos erros cometidos por um lobo e não devemos nunca perder a calma com eles. Bem depressa, Brenin esgotou todos os meios possíveis de não colaborar comigo. Tudo o que lhe resta é a cooperação. Assim, passa a andar junto comigo.

Certas pessoas — inclusive algumas que possuíam lobos — me disseram ser impossível treinar um lobo para andar em uma coleira. É o tipo de gente que tranca em casa seus lobos, mestiços de lobos com cães ou cães — ou os mantêm em um canil no fundo do quintal. Isso, acredito, é uma ação criminosa, que exigiria a prisão do dono do animal (que assim aprenderia a se colocar no lugar de seu lobo). Na verdade, não levei mais de dois minutos para ensinar Brenin a andar em uma coleira. Outras pessoas me disseram que era impossível treinar um lobo para andar junto ao dono. Isso levou mais dez minutos.

Depois que os fundamentos de caminhar na coleira foram dominados, foi surpreendentemente fácil treinar Brenin para andar sem coleira — isso porque, antes de mais nada, ele logo entendeu o que deveria fazer. Primeiro, caminhamos com a coleira ainda nele, mas sem que eu a segurasse. Depois, quando isso deu resultado, começamos a andar sem a coleira. Nesse ponto, foi essencial o uso de uma corrente de arremesso. Trata-se de uma versão menor de um enforcador. Na verdade, usei um enforcador para cães pequenos. Se Brenin deixasse de me acompanhar, eu fazia a corrente tilintar e a atirava nele. Ao ser atingido, ele sentia uma dor aguda, mas que logo se dissipava. E, claro, não havia nenhum dano permanente. Como sei disso? Porque, como desconfiava um pouco dessa parte do programa de Koehler, pedi para um amigo que arremessasse a corrente em mim algumas vezes. Bem depressa, Brenin aprendeu a associar o tilintar da corrente com a dor que se seguia, e não houve mais necessidade de atirar a corrente sobre ele. Levei quatro dias (duas sessões de trinta minutos por dia) para treiná-lo a me acompanhar sem a coleira.

Ensinei a Brenin apenas o que achei que ele precisava saber. Nunca vi sentido em ensiná-lo a fazer truques. Se ele não sentia vontade de rolar no chão, por que eu iria exigir que fizesse isso? Nem mesmo me dei o trabalho de ensiná-lo a sentar — se ele quisesse sentar ou ficar de pé, pelo que me dizia respeito, era uma decisão puramente pessoal. Acompanhar-me logo se tornou seu comportamento padrão. Só havia mais quatro coisas que ele precisava saber:

Vá farejar por aí — *"Vá!"*
Fique onde está — *"Fique!"*
Venha para cá — *"Venha!"*

E a mais importante de todas:

Não mexa nisso — *"Largue!"*

A pronúncia de cada palavra era gutural, como um rosnado. Mais tarde treinamos estalos de dedos e sinais manuais. Ao final do verão, Brenin estava razoavelmente versado nesta linguagem básica, verbal e não verbal.

Eu sei: estou sendo muito presunçoso. Mas esse treinamento foi o melhor presente que dei a Brenin — um brilhante exemplo de uma das poucas coisas em minha vida que realmente fiz direito. Algumas pessoas pensam que treinar um cão — e, mais ainda, um lobo — é uma coisa cruel, como se você fosse dobrar a vontade dele ou acovardá-lo. Mas, em vez de se acovardar, quando um cão ou um lobo sabe com exatidão o que se espera dele — ou não —, sua autoconfiança e, portanto, sua tranquilidade aumentam imensamente. A dura verdade é que, como disse Friedrich Nietzsche, aqueles que não conseguem disciplinar a si mesmos logo encontrarão alguém que o faça por eles. No caso de Brenin, era minha responsabilidade ser esse alguém. Mas a relação entre disciplina e liberdade é profunda e importante: longe de se opor à liberdade, a disciplina é que torna possíveis as mais valiosas formas de liberdade. Sem disciplina, não há liberdade real; somente licenciosidade.

Em nossas caminhadas, durante a década seguinte, às vezes encontrávamos pessoas que mantinham seus cães em coleiras — muitas vezes lupinos, como *huskies* ou malamutes — alegando que, de outro modo, os animais fugiriam para longe e eles não conseguiriam recolocá-los na coleira, ou talvez nunca mais os vissem. Pode ser verdade. Mas as coisas, certamente, não precisariam ser assim. Mais tarde, quando estávamos morando na Irlanda, caminhávamos todos os dias por pastagens de ovelhas. Brenin não usava coleira. Reconheço que fiquei um tanto nervoso na primeira vez em que fizemos isso — embora não tão nervoso quanto as ovelhas. Durante o tempo que passamos juntos, nunca tive que gritar com Brenin; nem bater nele. E tenho certeza absoluta de uma coisa: se um lobo pode ser treinado para ignorar completamente sua presa natural, então qualquer cão pode ser treinado a vir quando o chamam.

Como veremos, Brenin levaria uma vida que, para um lobo, foi quase certamente sem precedentes. E a levou porque eu podia carregá-lo comigo para onde quer que fosse. E fiz isso. Reconheço que a motivação maior que tive foi a capacidade de Brenin para reduzir minha casa a escombros, se fosse deixado sozinho enquanto eu dava minhas aulas. Mas o fato de termos tido uma vida interessante só foi possível porque lhe ensinei uma linguagem — em vez de deixá-lo trancafiado e esquecido no fundo do quintal. Esta linguagem lhe abriu uma série de possibilidades que, de outra forma, não teriam surgido. Como ele viveria em um mundo humano, um mundo mágico, e não em um mundo mecânico, esta linguagem o libertou.

6

Uma vida sem precedentes, claro, não significa uma vida boa. Muitas vezes me perguntaram: como você pôde fazer isso? Como retirou um animal de seu ambiente natural e o forçou a viver uma vida que ele deve ter achado completamente artificial? Era sempre um determinado tipo de pessoa que me fazia essas perguntas: um acadêmico liberal, de classe média, com pretensões a defensor da ecologia, sem nenhuma experiência em criar cães ou conhecimento do assunto. Mas falar mal de uma pessoa que faz uma pergunta, em vez de analisar a pergunta em si, é o que na filosofia se chama falácia *ad hominem*. A pergunta é boa e deve ser levada em conta.

Em primeiro lugar, devo lembrar que Brenin nasceu no cativeiro, não na floresta; sem o devido treinamento, proporcionado pelos pais, pereceria rapidamente se fosse "libertado" na floresta. Mas esta resposta não me leva muito longe. Pagando por Brenin, eu estava ajudando a perpetuar um sistema que tolerava a criação de lobos em cativeiro, tirando-lhes a oportunidade de viver conforme os ditames da natureza. Então, a pergunta é: como eu poderia justificar isso?

O que sustenta a pergunta, creio, é esta crença: um lobo só pode ser verdadeiramente feliz e realizado se fizer o que a natureza espera que ele faça — atividades naturais, como caçar e interagir com outros membros da matilha. Tal alegação, obviamente, pode ser verdadeira; mas, na realidade, é difícil de ser comprovada. Em primeiro lugar, há nela uma ideia bastante enganadora sobre as intenções da natureza. O que a natureza designou para um lobo? Ou, a propósito, o que a natureza designou para um ser humano? De fato, em que sentido a natureza pode designar alguma coisa? Na teoria evolucionária, às vezes falamos, metaforicamente, dos desígnios da natureza, mas com o seguinte sentido: a natureza "projeta" as criaturas para propagar seus genes. O único sentido concreto que pode ser aplicado à ideia de que a natureza tenha intenções está fundamentado no conceito de sucesso genético. A caça e a vida na matilha são estratégias empregadas por animais como os lobos para satisfazer esse imperativo biológico básico. Até os lobos, no entanto, podem adotar diferentes estratégias. A certa altura de sua história, por motivos ainda não esclarecidos, alguns lobos se ligaram a grupos humanos, tornando-se cães. Se existem desígnios na natureza, isso fez parte deles, tanto quanto o fato de que outros lobos permaneceram lobos.

Este é um truque útil que aprendi na filosofia: quando alguém faz uma alegação, tente descobrir quais são seus pressupostos. Assim, se alguém diz que os lobos só podem ser felizes desempenhando suas atividades naturais, como caçar e interagir com a matilha, quais são os pressupostos dessa alegação? Ao examiná-los, o que encontraremos, pelo menos em sua maior parte, são expressões da arrogância humana.

Jean-Paul Sartre, certa vez, tentou definir a ideia de humanidade dizendo que para os seres humanos, e somente para os seres humanos, a existência precede a essência. Isso foi o princípio fundamental do movimento filosófico conhecido como existencialismo. O homem, afirmou Sartre, é um ser para-si, o que contrasta com a natureza de tudo o mais, que é meramente em-si. O que ele queria dizer era que os seres humanos têm que escolher como vão viver suas vidas; não podem contar com nenhuma regra ou princípio preestabelecido — religioso, moral, científico ou o que seja — que lhe diga como fazê-lo. Adotar determinado princípio, um axioma moral ou religioso, por exemplo, é a expressão de uma escolha. Assim, não importa o que você faça ou como viva — isso será, em última instância, uma expressão do seu livre-arbítrio. Os homens estão, como Sartre disse, condenados à liberdade.

O outro lado da moeda é que, para Sartre, tudo o mais não é livre. Outras coisas, mesmo outros seres vivos, só podem fazer o que foram predeterminados para fazer. Se incontáveis milênios de evolução transformaram os lobos em caçadores que vivem em matilhas, isso lhes proporciona a única forma viável de vida. Um lobo não pode escolher o que vai ser. Um lobo só pode ser o que é. A pressuposição implícita na pergunta "como você pode fazer isso com Brenin?" é esta: a essência de um lobo precede sua existência.

Não está claro se Sartre tinha razão no que disse sobre a liberdade humana. Mas o que me interessa é a ideia geral da flexibilidade da existência. Por que os seres humanos, e somente os seres humanos, são capazes de viver suas vidas sob milhares de formas diferentes, enquanto qualquer outra criatura está condenada a ser escrava de sua herança biológica — um mero servo de sua história natural? Em que mais essa ideia pode estar baseada, a não ser em uma forma residual de arrogância humana? Alguns anos atrás, antes de um voo matutino para Atenas, eu estava lanchando no jardim de um hotel, nas proximidades do aeroporto de Gatwick. Uma raposa se aproximou de mim e sentou-se a apenas alguns metros, como um cão, esperando pacientemente que eu lhe jogasse algumas migalhas de alimento — o que eu fiz, é claro. A garçonete me disse que a raposa era uma frequentadora assídua do hotel — e aparentemente de outros hotéis. Tentem dizer àquela raposa que ela deveria estar desempenhando sua atividade natural de caça aos camundongos. Tentem lhe dizer que sua essência precede sua existência e que, ao contrário de mim, ela não pode decidir o que vai fazer.

Nós aviltamos a raposa ao dizer que sua atividade natural se restringe a caçar camundongos. Aviltamos sua inteligência e engenhosidade quando adotamos um conceito tão limitado de, como diria Sartre, seu ser. O que é natural para a raposa é se defender constantemente das vicissitudes da história e da sorte. Portanto, a raposa faz isso — e isso é o que é natural para ela.

Claro que não podemos, simplesmente, descartar as restrições impostas pela história natural. A raposa não se sentiria feliz nem realizada se permanecesse dia após dia presa em uma jaula. Nem um lobo. Nem eu. Todos nós temos certas necessidades básicas que nos foram legadas por nossa história. Mas seria um *non sequitur* supor que o lobo ou a raposa são meras marionetes biológicas, cujos cordões são manipulados por sua história. A essência desses animais pode limitar sua existência, mas não a pode fixar nem determinar. Isso vale tanto para a raposa e o lobo quanto para nós. Na vida, jogamos com as cartas que nos foram distribuídas. Às vezes, a mão é tão ruim que não nos permite fazer nada. Mas às vezes não é — então podemos jogar bem ou mal. A mão que aquela raposa recebeu foi o rápido crescimento urbano na área que, como gostamos de pensar, é o seu ambiente natural — embora esta expressão, a meu ver, já não faça sentido há muito tempo. Minha amiga raposa, desconfio, estava jogando muito bem com as cartas que recebeu, a julgar pelo modo como ia de mesa em mesa — as que tinham comida — sentando-se pacientemente até que lhe oferecessem alguma coisa.

Brenin, também, recebeu determinadas cartas, e acho que as jogou muito bem. De qualquer forma, não era uma mão ruim. Ele poderia ter acabado numa jaula nos fundos, como muitos lobos e mestiços de lobos quando seus donos não conseguem controlá-los. Em vez disso, gosto de pensar, ele teve uma vida variada e estimulante. Fiz questão de que, todos os dias, ele desse ao menos uma longa caminhada — e seu treinamento lhe possibilitava não usar coleira. Quando as circunstâncias permitiam, eu o deixava desempenhar atividades naturais, como caçar e interagir com outros canídeos. Fiz o melhor que pude para que nunca se sentisse entediado — apesar de ter que aguentar minhas aulas. Presumir que Brenin não pudesse ser feliz apenas por não estar vivendo como os lobos das florestas não passa de uma forma banal de arrogância humana, e deprecia sua inteligência e versatilidade.

Brenin estava, evidentemente, seguindo os passos de seus ancestrais de 15 mil anos atrás — repetindo a atração que os conduziu a um relacionamento simbiótico, e talvez inquebrantável, com o mais poderoso e pernicioso dos grandes primatas. Em termos de êxito genético, basta comparar o número de lobos existentes no mundo hoje contra o número de cães — 400 mil contra 400 milhões — para entender que a estratégia canina foi admiravelmente bem-sucedida. Presumir que essa aproximação seja um comportamento não natural para um lobo demonstra um entendimento superficial da natureza. Quando se acrescenta a baixa expectativa de vida dos lobos em ambiente selvagem — sete anos já é muito — e o modo como costumam morrer, geralmente muito desagradável, percebe-se que o chamado da civilização não foi um desastre total.

O método de Koehler, que usei para treinar Brenin, foi tão bem-sucedido, afinal de contas, porque reflete certa compreensão da natureza dos cães e de seus irmãos selvagens, embora eu tenha descartado alguns de seus excessos. Por trás do método de Koehler está uma espécie de fé: a essência de um cão, ou de um lobo, não precede sua existência; um cão ou um lobo são um ser como um ser humano. Por esse motivo, é necessário dispensar a qualquer cão, ou lobo, certo tipo de respeito e, com base nisso, certo tipo de direito — um direito moral. Trata-se, como diz Koehler, do "direito de sofrer as consequências de seus atos". Um lobo não é uma marionete de carne, seguindo cegamente os ditames de sua herança biológica — não mais do que os seres humanos. Um lobo é adaptável — não infinitamente adaptável, mas existe alguma coisa que seja? Um lobo, assim como um ser humano, joga com as cartas que lhe foram distribuídas. E mais: você pode ajudá-lo a fazer isso. À medida que ele começa a jogar melhor, vai ficando mais confiante. Gosta do que aprende e quer aprender mais. Torna-se mais forte e, portanto, mais feliz.

Brenin seria um escravo? Seria um escravo porque fui eu quem estabeleceu os parâmetros de sua educação e, assim sendo, de suas futuras ações? O fato de que passei sete anos em uma escola comum, durante o ensino básico, seguidos por três anos nas universidades de Manchester e Oxford — onde os parâmetros de minha educação foram estabelecidos por outras pessoas —, faz de mim um escravo? Se Brenin era um escravo, então eu também sou. Assim sendo, o que significa a palavra "escravo"? Se todos somos escravos, quem é o senhor? E se não existe um senhor, quem é o escravo?

Talvez essa argumentação não seja tão boa quanto penso que é. Talvez meu julgamento esteja afetado por tudo o que Brenin fez por mim. Certas pessoas compram cães e, depois que passa o efeito da novidade, enfiam os bichos no fundo do quintal e se esquecem deles. Então, o cachorro se torna apenas uma obrigação. Precisa receber comida e água. E esta é a única interação que tais pessoas terão com seus cães — uma tarefa tediosa, que não gostam de fazer, mas acham que devem. Algumas pessoas acham que, como fornecem comida e água a seus cães, são bons donos. Se você se sente assim, para que se dar o trabalho de ter um cachorro? Você não ganha nada, a não ser a irritação diária imposta por uma rotina que não sente a mínima vontade de cumprir. Mas quando um cão vive com você, quando se insere tão completamente em sua vida que se torna parte desta vida, é motivo de grande alegria. Ter um cão é como qualquer relacionamento: você só recebe o que dá — e está querendo receber. O mesmo se aplica em relação a um lobo. Mas como um lobo não é um cão — um lobo tem deficiências que o cão não tem —, você tem que trabalhar mais para ter algum retorno.

7

Brenin e eu fomos inseparáveis por 11 anos. Mudei de residência, de emprego, de país e até de continente. Iniciei alguns relacionamentos e terminei outros — na maioria terminavam. Mas Brenin sempre esteve presente — em casa, no trabalho e no lazer. Era a primeira imagem que eu via de manhã, quando acordava. Até porque era ele quem me acordava, ao raiar do dia, com uma grande e úmida lambida no rosto — um vulto emoldurado pela esmaecida luz matinal, com língua áspera e hálito forte. Isso, nos melhores dias; nos piores, poderia me acordar largando sobre meu rosto algum pássaro que matara no quintal. (A primeira regra para se viver com um lobo: sempre espere o inesperado.) De manhã, enquanto eu escrevia, ele permanecia sob a escrivaninha. Depois, andávamos ou corríamos — fizemos isso durante todos os dias de sua vida. À tarde, ele me acompanhava enquanto eu dava aula. E sentava-se comigo à noite, enquanto eu consumia inúmeras garrafas de Jack Daniel's.

Não se tratava apenas de eu adorar a companhia dele — embora adorasse. Muito do que aprendi sobre como viver e sobre como me conduzir, aprendi naqueles 11 anos. Muito do que sei sobre a vida e seu significado, aprendi com ele. O que significa ser humano: aprendi com um lobo. Tão completamente ele se inseriu em cada faceta de minha vida, tão perfeitamente costuradas eram nossas vidas, que eu comecei a compreender e até definir minha vida em termos de meu relacionamento com Brenin.

Há quem diga que possuir um animal de estimação é errado porque este se torna sua propriedade. Tecnicamente, suponho que isso seja verdade. Em um estrito sentido legal, é possível dizer que fui o dono de Brenin — embora durante a maior parte de sua vida eu não tivesse nenhum tipo de documento que comprovasse a posse; portanto, não está claro como o fato poderia ser provado em um tribunal. Mas essa objeção nunca me convenceu, porque na verdade é um *non sequitur*: presume que se você possui alguma coisa, no sentido legal, esse é o único relacionamento possível; ou, no mínimo, que a posse é o relacionamento dominante. Na realidade, não há muitos motivos para se acreditar nisso.

Fundamentalmente, Brenin não era minha propriedade; e, certamente, não era meu animal de estimação. Era meu irmão. Às vezes, sob certos aspectos, era meu irmão mais novo. Nessas ocasiões e sob esses aspectos, eu era seu guardião; o protegia de um mundo que ele não entendia e que não confiava nele. Nessas ocasiões, tinha que tomar decisões a respeito do que iríamos fazer, e levá-las a cabo, quer Brenin concordasse com elas ou não. Nesse ponto, alguns dos meus amigos do movimento pelos direitos dos animais podem me acusar da prática de relações desiguais de poder, acrescentando que, como Brenin não estava apto a aprovar minhas decisões, ele seria, de fato, meu prisioneiro. Mas, ainda uma vez, tal acusação não me parece muito plausível. Imaginem se meu irmão fosse humano, em vez de lupino, jovem demais para entender o mundo e as consequências de seus atos. Eu não poderia, simplesmente, deixá-lo sofrer essas consequências. Como já vimos, Koehler defendia o direito do cão às consequências de suas ações. Concordo; mas este direito não é, evidentemente, um direito absoluto. É o que os filósofos chamam de direito *prima facie*: um direito que pode ser ignorado em determinadas circunstâncias. Se o seu cão estiver para atravessar a rua diante de um carro, talvez por estar ignorando as instruções que você lhe deu, você não pode, apenas, deixá-lo sofrer as consequências. Pelo contrário, vai fazer o possível para que ele não sofra essas consequências. O mesmo princípio se aplicaria se meu irmão mais novo estivesse para correr diante de um carro. Dentro das limitações impostas pelo senso comum e pela decência humana, se as consequências não fossem muito severas ou debilitantes, eu permitiria que meu irmão arcasse — ou se beneficiasse — com elas, pois esta é a melhor maneira de se aprender. Mas, em outras circunstâncias, eu teria de protegê-lo o melhor que pudesse, mesmo que ele não concordasse com essa proteção. Dizer que isso o tornaria meu prisioneiro parece ser o resultado de uma estouvada disposição para ignorar a diferença entre tutela e prisão.

É o conceito de tutela, em vez do de posse, que parece proporcionar o modo mais plausível de entender as relações primárias entre as pessoas — pelo menos as pessoas decentes — e seus companheiros animais. Mas, com Brenin, esse conceito também não se aplica muito bem. Isto é o que o distinguia — de forma decisiva — de qualquer outro cão que eu tivesse conhecido. Apenas algumas vezes, e em certas circunstâncias, Brenin foi meu irmão mais novo. Em outras oportunidades, e outras circunstâncias, ele foi meu irmão mais velho: um irmão que eu admirava e queria, acima de tudo, emular. Como veremos, isso não era tarefa fácil, e eu conseguia realizar uma fração do que pretendia. Mas foram as tentativas, e o esforço que elas impuseram, que me forjaram. A pessoa que me tornei, estou totalmente convencido, é melhor do que a pessoa que eu teria sido em outra situação. Não se pode pedir nada melhor a um irmão mais velho.

Há diferentes modos de nos lembrarmos. Quando pensamos no conceito de memória, negligenciamos o que é mais importante em benefício do que é mais óbvio. Um pássaro não voa balançando as asas; isso é apenas o que lhe proporciona a impulsão para a frente. Os verdadeiros princípios do voo podem ser encontrados no formato das asas e nas diferenças de pressão do ar que circula em suas superfícies — superior e inferior. Mas, em nossas primeiras tentativas de voar, negligenciamos o que era mais importante em benefício do que é mais óbvio: construímos máquinas de balançar. Nossa compreensão da memória é similar. Pensamos em memória como experiências conscientes mediante as quais recordamos acontecimentos passados. Os psicólogos chamam isso de memória episódica.

A memória episódica, creio, é apenas um balançar de asas, e é sempre a primeira a nos trair. Nossa memória episódica não é particularmente confiável, na melhor das hipóteses — décadas de pesquisas psicológicas convergem para esta conclusão —, e é a primeira a se desvanecer quando nossos cérebros começam sua longa, mas inexorável, descida em direção à indolência, assim como o balançar das asas de um pássaro, que gradualmente desaparece na distância.

Mas existe outra forma, mais profunda e importante, de nos lembrarmos: uma forma de lembrança que ninguém jamais pensou em honrar com um nome. Trata-se da recordação de um passado que se imprimiu em nós, em nosso caráter e na vida que levamos — e que molda esse caráter. Não temos, normalmente, consciência dessas lembranças; muitas vezes nem são coisas que estão em nosso consciente. São elas, mais que qualquer outra coisa, que fazem de nós o que somos. Essas lembranças se manifestam nas decisões que tomamos, nos atos que praticamos e na vida que levamos.

É em nossas vidas, e não, fundamentalmente, em nossas experiências conscientes, que encontramos as lembranças dos que se foram. Nossa consciência é instável, não é digna do trabalho de se lembrar. O modo mais importante de se lembrar de alguém é ser a pessoa em que este alguém nos transformou — pelo menos em parte — e viver a vida que ele nos ajudou a moldar. Às vezes, ele não merece ser lembrado. Neste caso, nossa tarefa existencial mais importante é removê-lo da narrativa de nossas vidas. Mas, quando ele merece ser lembrado, levarmos uma vida que ele ajudou a moldar não é apenas um modo de nos lembrarmos dele; é como honramos sua memória.

Eu sempre me lembrarei de meu irmão lobo.

3

Singularmente bárbaro

1

No final de agosto, Brenin e eu nos dirigimos à Universidade do Alabama, para nossa primeira aula juntos. Durante o verão, ele crescera rapidamente, tornando-se grande e forte. De um pequeno ursinho gorducho, ele se tornara comprido, magro e anguloso. Embora ainda não tivesse completado seis meses, já media 75 centímetros do ombro até o chão, e pesava cerca de 40 quilos. Para sua enorme contrariedade, eu costumava aferir seu peso colocando-o no colo e subindo com ele na balança do banheiro. Os dias em que isso era possível estavam se aproximando do fim — nem tanto porque eu não pudesse levantá-lo, mas porque estávamos nos tornando, juntos, pesados demais para a balança do banheiro. Sua cor permanecera a mesma: ele era marrom, salpicado de negro, com o abdome de cor creme. Tinha herdado os grandes pés de seus pais e sempre dava a impressão de que iria tropeçar neles. Isso nunca acontecia. Havia uma linha negra que percorria o lado de cima de seu focinho, da cabeça até o nariz. Seus olhos ainda eram cor de amêndoa e tinham assumido a forma oblíqua característica de um lobo. Naquela época, ele mal conseguia dominar a força que com certeza sentia percorrendo seu corpo. Eu o apelidara de "Buffalo Boy", menino búfalo, por conta de sua mania de disparar pela casa a toda velocidade, derrubando quaisquer peças do mobiliário que não estivessem aparafusadas no chão (e algumas que estavam). Durante os meses de verão, nossas saídas de casa tinham se transformado em algo que beirava um ritual. Eu anunciava nossa partida dizendo: "Vamos". Era a deixa para que ele desse início à sua exibição: uma cambalhota executada na parede da sala. Seu método era correr e pular no sofá, continuando a corrida parede acima. Quando atingia a máxima altura possível, girava as pernas traseiras para cima e para o lado, e descia de volta pela parede. Era a mesma coisa sempre que nós estávamos para sair. Muitas vezes, Brenin realizava o seu número antes que eu dissesse qualquer coisa, como que para me informar que tínhamos lugares para ir e pessoas para ver. Foi com certa apreensão, posso dizer com segurança, que dirigi até a universidade naquele primeiro dia de aula.

Na verdade, não ocorreram grandes desastres naquela manhã. Eu o cansara com uma longa caminhada, antes de irmos. Depois que se acostumou à presença de outras pessoas, deitou embaixo da minha mesa e dormiu. Quando eu estava discorrendo sobre os argumentos de Descartes para se duvidar da existência do mundo externo, ele acordou e começou a atacar minhas sandálias. Porém acho que todos apreciaram a distração.

Nem sempre as coisas corriam sem incidentes. Depois de algumas semanas, ele deu início a uma sessão de uivos, após o cochilo, talvez para deixar registrada sua insatisfação com os rumos da aula. Um rápido olhar na direção dos estudantes confirmava que eles sabiam muito bem do que Brenin estava reclamando. Em outras vezes, ele decidia esticar as pernas, perambulando entre as carteiras, farejando aqui e ali. Certo dia, sentindo-se particularmente audacioso ou faminto, ou ambas as coisas, vi sua cabeça desaparecer na mochila de uma aluna — pessoa que, mesmo na melhor das hipóteses, sentia-se algo nervosa na presença de cães —, para emergir alguns segundos depois, com o lanche dela na boca. Prevendo uma sucessão de reclamações por parte de estudantes famintos, fui obrigado a inserir um aviso na programação de aulas que distribuía aos alunos no início do curso: três frases que, tenho certeza, jamais apareceram antes em nenhum plano de ensino. Logo após a seção que continha o material de leitura e procedimentos de avaliação, havia um parágrafo que dizia o seguinte:

Singularmente bárbaro

Atenção: Por favor, não se incomode com o lobo. Ele não vai machucar você. Entretanto, se estiver com qualquer tipo de alimento na mochila, por favor, assegure-se de que esta esteja muito bem fechada.

Quando olho para trás, penso que foi um milagre nunca terem ocorrido reclamações — ou, falando nisso, processos.

Durante as tardes, ora eu bancava o professor, ora o aluno. Eu tinha 24 anos quando me mudei para o Alabama, pela primeira vez. Era mais jovem que muitos dos meus alunos. Obtivera meu ph.D. em Oxford em pouco mais de 18 meses, o que foi inusitadamente rápido — talvez o único caso. Mas o sistema, nos Estados Unidos, é muito diferente. Você tem que atravessar um duríssimo período de cinco anos — no mínimo — para obter o doutorado. Como o período para obter o bacharelado também é maior — quatro anos contra três —, isso significa que a maioria dos professores universitários americanos só obtém a licenciatura com quase 30 anos de idade — uma idade já avançada, sob a perspectiva que eu tinha naquela época. Muitos dos alunos, pelo menos metade, eram mais velhos que eu. Por conseguinte, os estudantes formavam meu contingente natural de amigos, em vez de meus colegas professores. O que não era ruim: alunos se divertem muito mais.

Portanto, quando cheguei ao Alabama, confiei em uma estratégia testada e aprovada para me entrosar: esportes de equipe. Eu jogara rúgbi no Reino Unido, em nível bastante alto. Como a maioria das universidades dos Estados Unidos, a Universidade do Alabama tinha um time de rúgbi — um time muito bom para os padrões locais. Devido à falta de rigor por parte da União Americana de Rúgbi, no tocante às exigências para a participação (ou seja, não havia nenhuma), consegui me fazer passar por aluno e entrar no time. Quando Brenin entrou em cena, dois anos mais tarde, me acompanhava, obviamente, nos meus treinos. Portanto, durante várias tardes da semana, íamos para o Campo Bliss, ao limite do enorme complexo esportivo da universidade.

Nos finais de semana havia sempre um jogo contra outra universidade, em casa ou fora. Brenin nos acompanhava em todas as viagens. É sabido que os hotéis naquela parte do mundo são, quase sem exceção, hostis a cães — para não falar de lobos. Mas era fácil entrar com Brenin nos motéis, de forma clandestina. Bastava estacionar o carro em frente ao quarto. Se os funcionários do motel não estivessem observando o estacionamento, o contrabando lupino, geralmente, passava despercebido. Por conseguinte, é só dizer o nome de qualquer campus universitário no Alabama, Geórgia, Louisiana, Carolina do Sul ou Tennessee, e as probabilidades são de que Brenin tenha comparecido a alguma partida de rúgbi e à respectiva festa pós-jogo, no campus mencionado. Ele comeu lulas na Bourbon Street, em Nova Orleans, em uma refrescante noite no início de setembro. Esteve em Daytona Beach durante o recesso da primavera. Há uma associação de alunas, em Baton Rouge, cuja sede ele conhecia como a palma da mão. E uma boate de striptease, nos subúrbios de Atlanta, que visitou em muitas ocasiões. Ele esteve até em Las Vegas, cortesia do torneio anual de rúgbi Midnight Sevens — assim chamado porque todas as partidas são realizadas à noite.

Os jogadores de rúgbi logo perceberam uma coisa muito importante: Brenin era um ímã de garotas. Na verdade, usavam uma expressão ligeiramente diferente — mais descontraída, mas impossível de ser repetida aqui. Qualquer que seja o termo, o consenso geral era que, se você estivesse em uma festa da equipe de rúgbi ao lado de um grande lobo, não demoraria muito para que alguma atraente integrante do sexo oposto se aproximasse de você e dissesse: "Eu adoro seu cachorro *(sic)*." Isso lhe daria uma abertura sem que fossem necessárias as lides preparatórias. Portanto, estar ao lado de Brenin transformou-se na recompensa para o jogador que mais se distinguisse na partida do dia — o MJ (Melhor Jogador), como era chamado. Eu fora excluído desta competição, sob a justificativa de que dispunha de Brenin para tais finalidades quando bem entendesse — pelo menos, era o que alegavam.

Durante o período letivo, fazíamos essas viagens em fins de semana alternados — partíamos nas noites de sexta-feira e dirigíamos até 1.600 quilômetros, ida e volta. Jogávamos rúgbi, ficávamos muito embriagados e apagávamos em algum hotel barato, antes de retornar no domingo à tarde, muitas vezes ainda embriagados, sempre exaustos, mas felizes. Nos outros finais de semana, os jogos eram em casa, onde fazíamos as mesmas coisas, mas sem ter que enfrentar estradas. Esta foi a vida que levamos — meu Buffalo Boy e eu — durante os quatro primeiros anos de nossa parceria.

2

Lobos brincam — mas não do mesmo modo que os cães. Cães, se comparados a lobos, são como filhotes de cães, comparados a cães. O espírito brincalhão dos cachorros é o resultado do infantilismo neles incutido ao longo de 15 mil anos. Você joga um graveto para seu cão, e as probabilidades são de que dispare atrás dele, transtornado por uma excitação frenética. Nina, minha mestiça de pastor alemão com malamute, cadela muito inteligente, fica abobalhada com gravetos; se a gente deixar, ela corre atrás deles até cair no chão de cansaço. Por muitas vezes, tentei mostrar a Brenin as delícias de buscar gravetos, bolas e *frisbees*. Ele olhava para mim como se eu estivesse maluco, e era fácil entender o que sua expressão dizia: apanhar isso? Sério? Se você quer tanto o graveto, por que você mesmo não vai buscá-lo? Na verdade, se o quer tanto, por que o jogou longe, para início de conversa?

Quando os lobos brincam, frequentemente provocam a consternação dos passantes, incapazes de distinguir a brincadeira de uma luta. Eu só percebi isso muitos anos mais tarde, quando vi Brenin brincando com Tess, sua filha, e Nina, que ele criara para ser tanto uma loba quanto um cão — em que pese a tendência a buscar gravetos. O que, naquela altura, parecia-me tão natural despertava gritos alarmados nos espectadores humanos. Brincar, para Brenin, significava segurar o outro animal pelo pescoço e o imprensar contra o chão — quando o sacudia violentamente para a frente e para trás, como se fosse uma boneca de pano. Tudo isso em meio a uma cacofonia de grunhidos e rosnados. Depois, ele soltava o outro animal, para que este fizesse a mesma coisa com ele. Era brincadeira. Não sei por que os lobos brincam de forma tão rude, mas eles o fazem. Grunhidos e rosnados informam que aquilo é um jogo. São um dos mecanismos que os lobos possuem para tranquilizar o colega, assegurando-o de que ainda estão brincando — pois suas ações são tão parecidas com uma luta que podem ser facilmente mal-interpretadas. Quando os lobos estão lutando de verdade, descobri, eles o fazem em um silêncio absoluto e sinistro.

Há coisas que um lobo conhece e um cão, não. Assim, as tentativas juvenis de Brenin de iniciar uma brincadeira com cães geralmente terminavam em desastre — com o cão o atacando ou ganindo de terror. O pobre Brenin deve ter achado desnorteantes ambas as reações. Houve, entretanto, um cão que "cativou" Brenin. Era um grande e intransigente pit bull que atendia pelo nome de Rugger — e Rugger adorava brincar com rudeza.

Para um pit bull, Rugger era enorme — pesava mais de 40 quilos — e pertencia a um homem que, para um ser humano, também era enorme — Matt, um dos atacantes do time. Os pit bulls têm má reputação, mas não são, intrinsecamente, cachorros maus. De modo geral, são as pessoas que os tornam ruins. Nós, humanos, aceitamos bem a ideia de sermos todos diferentes — nossa individualidade é parte de nosso charme singular, gostamos de dizer a nós mesmos. Mas na verdade, desconfio, a individualidade tem pouco a ver com nossa singularidade humana. Os cães são diferentes. Alguns são adoráveis; outros são apenas malvados. Destes, a maioria esmagadora se tornou malvada por conta de condições desastrosas de criação. Foi isso, tenho certeza, o que aconteceu com Blue, nosso dogue psicótico, nos três primeiros anos de sua vida. Mas alguns deles simplesmente nasceram maus. São maus por natureza, como alguns seres humanos. Devo enfatizar que estou falando de cães individuais, não de raças. Minha experiência é de que há uma leve relação entre a raça de um cão e seu temperamento, mas não mais do que isso.

Não havia nada de muito errado com Rugger, já que não havia nada de muito errado com Matt. Também não seria verdade dizer que Rugger sempre cativou Brenin. Rugger era alguns anos mais velho e, quando Brenin era filhote, Rugger o desprezava. E, como veremos, quando Brenin ultrapassou os 18 meses de idade, o fato gerou uma série de problemas entre eles. Mas houve um intervalo de um ano, mais ou menos, em que eles foram melhores amigos. Em muitas tardes da semana, nosso treinamento era interrompido pelas incríveis refregas que encenavam à beira do campo.

Singularmente bárbaro

Entretanto, quando Brenin atingiu os 18 meses, sua atitude em relação a outros cães começou a mudar. Se fosse uma cadela não castrada, ele inevitavelmente tentaria montar nela, sem se importar com a disparidade de tamanhos (um grupo de west highlands e yorkshires traumatizados e seus não menos traumatizados proprietários logo aprenderam a evitar o Campo Bliss nas tardes dos dias de semana). Mas o verdadeiro problema eram os cães machos. Neste caso, sua atitude era ou de indiferença desdenhosa ou de hostilidade declarada, caso ele considerasse o cão suficientemente grande para constituir uma ameaça. Na maior parte do tempo, isso não era um problema, pois Brenin era bem treinado, muito obediente e não se aproximava de outros cães sem meu consentimento. Em determinadas ocasiões, no entanto, eles se aproximavam dele, muitas vezes com um lampejo nos olhos, e a confusão começava.

Rugger era, definitivamente, grande o bastante para ser uma ameaça. Na verdade, era difícil imaginar um cão mais intimidador do que Rugger. Quando Brenin atingiu a maturidade, ambos começaram a se odiar. Durante nossos treinamentos, já não os víamos brincando, mas passando um pelo outro empertigados e com os pelos eriçados. Matt e eu nos esforçávamos para mantê-los separados, mas o inevitável descuido acabava acontecendo. Em certa tarde de sábado, durante os preparativos para um jogo, Rugger conseguiu soltar a corrente que o prendia à picape de Matt. Eu estava fazendo alguns alongamentos no meio do campo e, assim, testemunhei o encontro a uma distância de 30 metros. Rugger investiu contra Brenin — baixo, encolhido, uma massa de músculos e agressividade. Brenin esperou até o último momento e, então, saltou para o lado. Posicionando-se atrás de Rugger, pulou em suas costas, atacando-lhe o pescoço e a cabeça. Em segundos, uma das orelhas de Rugger foi quase inteiramente arrancada, e sangue escorria de seu rosto, pescoço e costela. Enquanto esta cena horripilante se desenrolava, eu corria na direção dos contendores. Em meu terror e perturbação, puxei Brenin para tirá-lo dali. Isso foi um erro; um erro potencialmente fatal. Rugger usou o alívio temporário para cravar os dentes na garganta de Brenin. E não queria largar.

Foi minha primeira lição valiosa no tocante à intervenção em uma briga de cães. Nunca tire seu lobo de cima de um pit bull. A segunda lição foi que, se um pit bull cravou os dentes na garganta do seu lobo, provavelmente porque você foi tolo o bastante para puxar seu lobo, só há um modo de fazê-lo afrouxar a mordida. Não adianta tentar abrir suas mandíbulas, mesmo que com uma alavanca. Não vai funcionar. Não adianta chutar suas costelas com violência e repetidamente — também não vai funcionar. Jogue água no rosto dele. O único modo de se lidar com uma ação instintiva — como um pit bull cravando os dentes em alguma coisa — é induzir uma reação instintiva, e a água geralmente funciona. Por sorte, Matt aprendera a lição antes de mim.

Aprendi a terceira lição em rixas subsequentes: se você tiver que tirar seu lobo de uma briga com outro cão, segure-o pela cauda ou pelos quadris. Mas, recomendo de modo enfático, nunca pelo pescoço. Se o outro cão não estiver suficientemente amedrontado — e um cão que atacasse Brenin não seria do tipo medroso —, continuará a atacar, enquanto você está com as mãos nas proximidades da garganta do seu animal — o que é péssima ideia. Minhas mãos e antebraços ainda trazem as cicatrizes que adquiri durante o longo e penoso processo de aprimorar minha técnica de intervenção.

Não quero exagerar a propensão de Brenin para brigas. Acho que poderia contar nos dedos de uma das mãos o número de episódios significativos — e estou grato por ainda ter os dedos necessários para fazer esta afirmação. Brenin nunca infligiu estragos sérios em outro cão — por sérios, quero dizer qualquer coisa que não pudesse ser curada com alguns pontos aqui e ali. Até mesmo Rugger foi remendado com sucesso. Mas as coisas só correram desta forma, estou bem certo, porque eu sempre estava por perto para tirar Brenin da confusão. E também porque raramente era Brenin quem iniciava as hostilidades — embora isto se devesse ao fato de que, por seu treinamento, ele quase não tinha oportunidade. Mesmo que outro cão se aproximasse dele enquanto eu estivesse distraído, a briga era evitada com facilidade. Bastava que o cão fizesse algum sinal convencional de submissão ou rebaixamento. O resultado foi que todas as brigas de Brenin eram com cães grandes e agressivos — pit bulls e rottweilers, em geral — que fugiram de seus donos e não tinham a menor intenção de se submeter a ele.

O problema não era o entusiasmo de Brenin por uma briga. Mas sua aptidão. Quando ocorria uma briga, eu tinha que me meter entre os adversários e tentar terminar com as hostilidades. Não desejando uma repetição do incidente com Rugger, eu tinha que, simultaneamente, segurar ambos os animais. Isso não era fácil, para dizer o mínimo. Mas tinha que fazê-lo, porque, enquanto o outro cão continuasse a lutar, Brenin também continuaria. E se Brenin continuasse a lutar, o outro cão logo estaria morto. Sua velocidade era estonteante e sua selvageria, assombrosa. Era difícil associar esse Brenin com o animal que me acordava de manhã com um beijo grande e úmido; ou com o animal que, várias vezes ao dia, tentava pular em meu colo para pedir afagos. Mas nunca me permiti esquecer que Brenin era ambos os animais.

3

Algumas pessoas dizem que os lobos, mesmo mestiços de lobos com cães, não têm lugar em uma sociedade civilizada. Depois de refletir durante anos sobre esta afirmativa, cheguei à conclusão de que é verdadeira. Mas não pelas razões alegadas por aquelas pessoas. Brenin era um animal perigoso; não há como esconder o fato. Tinha uma indiferença total pelos outros seres humanos — algo que, secreta e egoisticamente, enchia-me de satisfação. Se outra pessoa tentasse falar com Brenin, ou afagá-lo como se afaga um cachorro, ele olhava para aquela pessoa com olhos imperscrutáveis, durante alguns segundos, e apenas se afastava. Em determinadas circunstâncias, poderia matar o cachorro de alguém, com rapidez e eficiência. Mas não é por ser tão perigoso que não haveria lugar para ele em uma sociedade civilizada. O verdadeiro motivo é que ele não era perigoso e desagradável o bastante. Acredito que a civilização só é possível para animais profundamente desagradáveis. Somente um primata pode ser verdadeiramente civilizado.

Certa noite, quando Brenin tinha em torno de um ano, eu estava sentado em frente à tevê, comendo a dieta básica de todos os solteiros americanos de respeito — um prato de glutamato monossódico para forno de microondas, conhecido como Hungry Man ("Homem Faminto"). Brenin estava sentado perto de mim, me observando como um falcão, no caso de alguma coisa cair do prato. O telefone tocou e fui atendê-lo, deixando o prato na mesa de centro. Sabe quando o Coiote está perseguindo o Papa-Léguas e cai no despenhadeiro? Pense no momento em que ele acaba de ultrapassar a borda do precipício, o momento em que ele percebe que aconteceu alguma coisa horrível, que ele não sabe realmente o que é — o momento antes que ele comece sua desenfreada, mas inútil, tentativa de voltar. Ele fica lá, parado no ar, congelado no lugar, com uma expressão que, gradualmente, passa do entusiasmo para a perplexidade, e para a consciência da desgraça iminente. Era o tipo de cena que me aguardava, quando retornei à sala. Brenin, tendo devorado meu Homem Faminto em um piscar de olhos, estava se dirigindo a seu leito, no outro lado da sala. Meu retorno, inoportuno, mas não inesperado, fez com que ele se imobilizasse no meio de uma passada; com uma perna em frente à outra, virou o rosto em minha direção e, gradualmente, adquiriu a expressão apreensiva do Coiote. Por vezes, antes de começar seu mergulho no abismo, o Coiote segura uma tabuleta que diz: "Caramba!" Tenho certeza de que, se Brenin dispusesse dessa tabuleta, teria feito a mesma coisa.

Wittgenstein disse uma vez que, se um leão pudesse falar, nós não o entenderíamos. Wittgenstein era um gênio, sem dúvida. Mas vamos encarar a verdade, ele não sabia muito a respeito de leões. Um lobo fala com seu corpo; e o corpo de Brenin dizia com clareza: "fui apanhado!" Ele poderia ter adotado uma atitude mais indiferente, ou mesmo despreocupada: "Não sei como seu prato ficou assim. Eu não fiz isso. Já estava assim quando cheguei." Ou mesmo: "Você terminou de comer antes de sair, seu velho senil." Mas os lobos não fazem isso. Eles falam. E mais: podemos entendê-los. O que eles não sabem é mentir. É por isso que não têm lugar numa sociedade civilizada. Um lobo não pode mentir para nós; nem um cão. Por isso pensamos que somos melhores que eles.

4

É um fato bastante conhecido que, em relação ao tamanho, primatas têm cérebros maiores que os dos lobos — quase 20% maiores, na verdade. Assim, a conclusão inevitável a que chegamos é que os primatas são mais inteligentes que os lobos: a inteligência símia é superior à inteligência lupina. Esta conclusão é quase tão falsa quanto simplista. A ideia de superioridade é relativa. Se X é superior a Y, é sempre sob determinado aspecto. Assim, se a inteligência símia é mesmo superior à lupina, devemos nos perguntar: sob que aspecto? Para responder a isso, temos que entender como os primatas adquiriram seus cérebros maiores, e o preço que pagaram por isso.

Em certa época, as pessoas pensavam que a inteligência era simplesmente uma questão de saber lidar com o mundo natural. Um chimpanzé, por exemplo, pode descobrir que, colocando um graveto em um formigueiro, é capaz de extrair formigas e comê-las sem ser mordido. Este é um exemplo do que antes chamei de inteligência mecânica. O mundo apresenta um problema ao chimpanzé: conseguir comida sem ser mordido. E ele o soluciona de um modo mecanicamente inteligente. A inteligência mecânica consiste em compreender as relações entre as coisas — no caso entre um graveto e o comportamento provável das formigas — e usar esta compreensão para favorecer seus propósitos. Como vimos, os lobos são criaturas mecanicamente inteligentes — talvez não tanto quanto os primatas, porém mais do que os cães.

Entretanto, os cérebros dos animais sociais são, em geral, maiores do que os cérebros das criaturas solitárias. Qual o motivo disso? O mundo faz as mesmas exigências tanto aos animais sociais quanto aos solitários. Os problemas mecânicos são iguais, quer a criatura seja um tigre, um lobo ou um primata. A conclusão que devemos extrair, ao que parece, é que a inteligência mecânica não é o que produz um aumento no tamanho do cérebro. Tal observação fundamenta o que Andrew Whiten e Richard Byrne — dois primatologistas da Universidade de St. Andrews — chamaram de "hipótese da inteligência maquiavélica". O aumento no tamanho do cérebro e o consequente aumento na inteligência não resultam das exigências do mundo mecânico, mas das exigências do mundo social.

Temos que tomar cuidado para não colocarmos o carro diante dos bois. É possível pensar, por exemplo, que foi o cérebro maior, e a maior inteligência dele resultante, que levou alguns animais a perceberem que a vida em grupo seria melhor — pois lhes permitiria ajuda e proteção mútuas. Isto é, se tornaram animais sociais porque eram mais inteligentes. Segundo a hipótese da inteligência maquiavélica, aconteceu o contrário: eles se tornaram mais inteligentes por serem animais sociais. O aumento no tamanho do cérebro não é o motivo pelo qual alguns animais vivem em grupos; é o efeito da vida em grupos. Animais sociais precisam fazer coisas que os animais solitários não precisam. A inteligência mecânica pode exigir a compreensão das relações entre coisas; mas os animais sociais necessitam de mais do que isso: precisam entender as relações entre outras criaturas como eles. Esta é a inteligência social.

Por exemplo, um primata, macaco ou lobo precisa ser capaz de monitorar outros membros de seu grupo. Precisa saber quem é quem, e ser capaz de lembrar quem lhe é superior e quem lhe é subordinado. Caso contrário, não se comportará como deve e, por conseguinte, irá sofrer. Muitos insetos — formigas, abelhas etc. — também têm que fazer isso. Mas os insetos o fazem mediante o envio e recebimento de mensagens químicas: foi a estratégia que herdaram de sua evolução. Mas, entre os mamíferos sociais, outra estratégia foi empregada: um aumento em determinado tipo de inteligência. Segundo a hipótese da inteligência maquiavélica, é a natureza social dos animais — e a necessidade de monitorar as relações sociais — que determina um aumento no tamanho e capacidade do cérebro, e não o contrário.

Isso os primatas e lobos têm em comum. Em uma época bastante remota, no entanto, os primatas trilharam determinado caminho evolucionário — e os lobos não. Os motivos, para a maioria dos estudiosos, permanecem ignorados. Viver em grupo traz novas possibilidades, assim como exigências concomitantes — possibilidades e exigências que nunca foram exigidas das criaturas solitárias. A primeira possibilidade é a manipulação e exploração dos semelhantes — para a obtenção dos benefícios da vida em grupo, com o mínimo de custos. Essa possibilidade se baseia na capacidade de iludir: o primeiro modo, e o mais efetivo, de manipular os colegas é iludi-los. A primeira exigência da vida em grupo é uma consequência deste fato. Como incorrer em mais custos e auferir menos benefícios que seus colegas primatas não é uma coisa boa, a vida em grupo requer que você se torne esperto o bastante para ser capaz de perceber quando está sendo iludido. O resultado é um aumento de inteligência trazido pelo imperativo de iludir sem ser iludido. Na história evolucionária dos primatas, a crescente habilidade para trapacear anda de mãos dadas com a crescente capacidade de detectar ardis — esta última, forçosamente, superando um pouco a primeira.

Existe outra possibilidade proporcionada pela vida em grupo: a de formar alianças com seus semelhantes. Nas sociedades dos primatas, as alianças são meios de se utilizar alguns membros do grupo para atacar outros membros do grupo. Para fazer isso, é preciso habilidade para conspirar. Mas esta possibilidade traz com ela outra exigência. Não é bom — nem para o bem-estar, nem para os projetos a longo prazo — ser vítima das maquinações alheias. Se outros conspiram constantemente contra você, e você pretende permanecer no grupo, você tem que conspirar constantemente contra eles. A vida em certos grupos requer que você seja tanto um conspirador quanto um alvo de conspirações. Nesses grupos, a habilidade para conspirar acarreta a necessidade de conspirar.

As conspirações e os ardis formam o núcleo do tipo de inteligência social inerente aos primatas e macacos. Por alguma razão, os lobos nunca enveredaram por esse caminho. Na matilha, quase não existem conspirações ou ardis. Alguns indícios parecem sugerir que os cães podem ter capacidade para formar alianças primitivas e singularmente inexpressivas — mas tais indícios são inconclusivos. Mesmo que isso seja verdade, uma coisa está clara: no tocante à capacidade de conspirar e iludir, cães e lobos são como crianças, se comparados aos grandes primatas. Ninguém realmente sabe por que os primatas adotaram essa estratégia, e os lobos, não. Mas mesmo que ignoremos o que aconteceu, uma coisa é extremamente clara: isso aconteceu.

Essa forma de inteligência, é claro, atinge seu apogeu no rei dos primatas: o *homo sapiens*. Quando falamos da inteligência superior dos primatas, da superioridade da inteligência símia em relação à lupina, temos que considerar os termos desta comparação: os primatas são mais inteligentes que os lobos porque, em última análise, são melhores conspiradores e trapaceiros. É deste fato que deriva a diferença entre a inteligência símia e a lupina.

Mas somos primatas e podemos fazer coisas com que os lobos jamais poderiam sonhar. Podemos criar arte, literatura, cultura, ciência — podemos descobrir a natureza das coisas. Não existem lobos-Einsteins, lobos-Mozarts ou lobos-Shakespeares. E, em uma escala mais modesta, certamente, Brenin não seria capaz de escrever este livro; somente um primata poderia fazê-lo. Isso é uma verdade evidente. Mas temos que nos lembrar de onde vem tudo isso. Nossa inteligência científica e artística é um subproduto de nossa inteligência social — que consiste em sermos mais hábeis para conspirar e iludir do que para sermos vítimas de conspirações e ardis. Fatos como esses eram, presumivelmente, as últimas coisas que Beethoven tinha em mente quando compôs a *Eroica*. Nem estavam de forma inconsciente guiando seu comportamento. Não estou aqui propondo nenhuma ridícula explicação reducionista das habilidades musicais de Beethoven. Em vez disso, minha ideia é que Beethoven só pôde compor a *Eroica* por ser o produto de uma longa evolução, que favoreceu a habilidade de mentir em detrimento da capacidade de acreditar em mentiras, e de conspirar em detrimento de ser alvo de conspirações.

Cometemos uma injustiça com as demais criaturas e um desserviço a nós mesmos, quando nos esquecemos de onde veio nossa inteligência. Ela não surgiu espontaneamente. Em nosso distante passado evolucionário, enveredamos por um determinado caminho, um caminho que os lobos, por alguma razão, não percorreram. Não devemos receber censuras nem congratulações pelo caminho que tomamos. Não houve nenhuma escolha envolvida nisso. Na evolução, nunca há. Mas, apesar de não ter havido uma escolha, houve consequências. Nossa complexidade, nossa sofisticação, nossa arte, nossa cultura, nossa ciência, nossas verdades — nossa grandeza, como gostamos de pensar —, tudo isso foram aquisições e a moeda, conspirações e ardis. A maquinação e a mentira estão no cerne de nossa inteligência superior, assim como vermes dentro de uma maçã.

5

Você pode achar que isso é uma distorção deliberada da singularidade humana. Talvez tenhamos uma propensão natural para a conspiração e a falsidade. Mas não temos também qualidades mais atraentes? E o amor, a empatia e o altruísmo? Eu não discordo, é claro, de que os seres humanos também têm esses sentimentos. Assim como, a propósito, os grandes primatas. Mas o que estou tentando identificar não é somente o que existe nos seres humanos, mas o que os distingue. E a ideia de que apenas os seres humanos possuem características positivas é difícil de sustentar.

Para começar, há uma profusão de evidências empíricas que sugerem — para qualquer um que não seja um behaviorista empedernido — que todos os mamíferos sociais são capazes de profundos sentimentos afetivos entre si. Quando os lobos ou coiotes se reúnem, depois de estarem separados, caçando, correm na direção uns dos outros, latindo, ganindo e abanando as caudas com vigor. Quando se encontram, lambem-se entre si e rolam no chão agitando as pernas. Os cães selvagens africanos são da mesma forma efusivos: em suas cerimônias de acolhida, guincham, abanam as caudas sem parar e executam uma série de saltos extravagantes. Quando os elefantes se congregam, agitam as orelhas, giram e emitem um profundo bramido de saudação. Em todos os casos — a menos que você acredite em alguma indefensável ideologia behaviorista que aplique aos animais, mas não aos seres humanos —, a conclusão óbvia é que esses animais sentem genuína afeição uns pelos outros, que apreciam a companhia uns dos outros e que estão felizes de se reencontrarem novamente.

Também são fortes as evidências de tristeza. E quanto mais estudos de campo são realizados, mais fortes se tornam. Em seu livro *Minding Animals* (Zelando pelos animais), Marc Bekoff descreve um fato ocorrido com uma matilha de coiotes, que ele estudava no Parque Nacional Grand Teton:

> *Certo dia, a Mãe deixou a matilha e não retornou. Desapareceu. A matilha esperou com impaciência durante dias. Alguns coiotes*

andavam de um lado para outro, nervosamente, como se fossem futuros pais, enquanto outros realizavam curtas expedições de busca, apenas para retornar sem nenhum resultado. Seguiam na direção que ela tinha tomado, farejavam lugares em que ela poderia ter estado, e uivavam, como se a estivessem chamando. Durante mais de uma semana, parte do ânimo desapareceu. Sua família sentia a falta dela. Acho que os coiotes teriam chorado, se pudessem.

Já foram observadas raposas enterrando seus companheiros mortos. Três elefantes machos foram vistos em pé ao lado do corpo de uma velha elefanta, morta por caçadores clandestinos, que extraíram suas presas. Ficaram lá por três dias, tocando o corpo e tentando fazer com que a fêmea se levantasse. O famoso naturalista Ernest Thompson Seton, certa vez, aproveitou-se da tristeza que Lobo, um lobo macho, sentia pela perda de sua companheira, para atraí-lo e matá-lo. Seton, que foi caçador de lobos antes de se tornar escritor, arrastou o corpo de Blanca, a companheira de Lobo, para perto de uma armadilha, espalhando seu odor. Lobo retornou para sua amada companheira, apenas para ser morto por Seton.

São apenas histórias, você poderia dizer. Talvez, mas já existem milhares de histórias e seu número aumenta todos os dias — e isso sem levar em conta as histórias que os proprietários de animais domésticos contam sobre seus companheiros. Como diz Bekoff: quando você tem um número suficiente de histórias, estas se tornam algo completamente diferente: tornam-se dados. Em qualquer sentido da palavra "suficiente", o ponto de transição foi ultrapassado há muito tempo.

Basta lermos o maravilhoso trabalho de Jane Goodall para entendermos que os sentimentos de afeição, empatia e até amor são comuns entre os primatas. Quando, por exemplo, em *Through a Window* (Pela janela), ela descreve o rápido e penoso declínio de Flint, um jovem chimpanzé, após a morte de Flo, sua mãe, ninguém consegue deixar de se emocionar, pelo menos um pouco. Mas indícios desse tipo de emoções em outros mamíferos são igualmente fortes. Afeição, empatia e amor — longe de serem traços apenas humanos, ou apenas símios, são comuns no mundo dos mamíferos sociais.

Há, na verdade, boas razões para que as coisas sejam assim; razões que foram expostas, primeiramente, por Charles Darwin. Qualquer grupo social precisa de alguma coisa para mantê-lo coeso — uma forma de cola social. Para os insetos sociais, a cola consiste tanto nos feromônios que usam para se comunicar entre si quanto no fato de que cada inseto social é mais como uma célula do que um organismo individual — uma célula cujo bem-estar e identidade estão atrelados ao organismo da colmeia ou colônia. Com os mamíferos, a evolução, aparentemente, empregou uma estratégia diferente, que envolveu o que Darwin chamava de "sentimentos sociais": sentimentos de afeição, empatia e até amor. O que mantém coesa uma matilha de lobos, de coiotes ou de cães selvagens africanos é a mesma coisa que mantém coesa uma colônia de chimpanzés ou uma família humana. É o que todos temos em comum.

No entanto, não estou interessado no que temos em comum, mas no que nos distingue das outras criaturas. A maioria de nós aceita o fato — e até insiste nele — de que é nossa tão alardeada inteligência que nos separa dos "bichos estúpidos". Se é assim, temos que entender que esta inteligência não saiu do nada. Surgiu porque, há muitas gerações, nossos ancestrais trilharam um caminho diferente de outros mamíferos, que foi pavimentado com falsidade e conspirações.

6

Essa explicação da inteligência humana, em geral, não é seriamente questionada. Em *Chimpanzee Politics* (A política dos chimpanzés), Frans de Waal descreve seu clássico estudo da colônia de chimpanzés de Arnhem e revela algumas complexidades da dinâmica de grupo local. Na colônia, três machos disputavam continuamente a liderança do grupo. No início do estudo, a posição alfa era ocupada por Yeroen. Um dos fatores que sustentavam sua liderança era o apoio das fêmeas da colônia. A demorada e finalmente bem-sucedida luta de Luit para destronar Yeroen se concentrou em erodir esse apoio. Antes disso, Luit ocupava uma posição relativamente periférica na colônia — era obrigado por Yeroen a viver ligeiramente afastado do restante do grupo. A mudança crucial nesta dinâmica ocorreu quando outro jovem macho, Nikkie, cresceu o suficiente para formar uma aliança com Luit. Juntos, iniciaram uma política de "punição" — isto é, distribuição de pancadas — às fêmeas. Não por prazer, mas para demonstrar a incapacidade de Yeroen para protegê-las. Depois de quatro meses sob este regime, as fêmeas começaram a apoiar Luit, quase com certeza porque já não aguentavam mais os castigos que estavam recebendo da dupla, e pela incapacidade de Yeroen de impedi-los.

Após sua ascensão, Luit rapidamente mudou de política. Como líder, precisava mudar de atitude, tanto em relação às fêmeas quanto em relação aos outros machos. Ele se fiava no apoio das fêmeas e, portanto, adotou o papel de imparcial mantenedor da paz. Com os machos, porém, se tornou um defensor dos perdedores. Ou seja, quando intervinha em um conflito entre dois machos, era geralmente para defender o perdedor. Assim, embora sua ascensão à liderança tenha sido conquistada com o apoio de Nikkie, ele costumava apoiar os outros primatas nas disputas contra Nikkie. Tal política fazia sentido. Um vencedor no conflito entre dois machos poderia ser forte o bastante para desafiar a autoridade de Luit. Isso não aconteceria com um perdedor. Apoiando o perdedor, Luit aumentava a probabilidade de receber seu apoio em futuros conflitos. Em outras palavras, a liderança exigia que ele formasse alianças com aqueles que não poderiam desafiar sua autoridade, para proteger a si mesmo dos que poderiam fazê-lo.

Finalmente, Yeroen e Nikkie formaram uma aliança e depuseram Luit. Nikkie se tornou o novo líder formal, mas o verdadeiro poder parecia estar com Yeroen. De fato, após a ascensão de Nikkie, Yeroen trabalhou contra ele de forma tão eficiente que há dúvidas de quem estava de fato no comando. Tolamente, Nikkie adotou uma política de apoiar os vencedores nos conflitos, e a paz era mantida por Yeroen. Por exemplo, quando Nikkie se preparava para intervir no conflito entre duas fêmeas, Yeroen muitas vezes se voltava contra ele e o expulsava, talvez com a ajuda de ambas as fêmeas. Por que Nikkie aguentava isso? Ele não tinha escolha: precisava de Yeroen para neutralizar Luit. Nikkie era um líder que nunca foi aceito pelas fêmeas. Na verdade, costumavam formar alianças para atacá-lo. Yeroen, por sua vez, formava alianças com as fêmeas de modo a manter pressão sobre Nikkie, e formava uma aliança com Nikkie para neutralizar Luit. Não é difícil adivinhar quem realmente detinha o poder.

A inteligência superior de Yeroen, com relação a Luit e Nikkie, era demonstrada por sua habilidade em formar múltiplas alianças para múltiplos propósitos: uma aliança para neutralizar Nikkie, outra para neutralizar Luit. A aliança de Luit com Nikkie, em comparação, parecia frouxa. Para ser um primata verdadeiramente bem-sucedido — exibindo o melhor da inteligência símia —, um indivíduo tem que ser capaz de conspirar não só contra um primata, mas contra muitos. Os primatas mais bem-sucedidos são aqueles capazes de conspirar com os mesmos primatas contra quem conspiram.

Além do tipo de conspiração praticado por Yeroen e Luit, caracterizado por alianças instáveis, em constante mutação, os ardis desempenham um papel central no comportamento dos primatas. Em um estudo influente ("A manipulação da atenção nos ardis táticos dos primatas", publicado em *Inteligência Maquiavélica*), Whiten e Byrne distinguiram nada menos que 13 diferentes tipos de ardis comumente empregados pelos primatas. Não há necessidade de nos preocuparmos com os detalhes; alguns exemplos representativos formam um quadro bastante claro.

Um macho subalterno, chimpanzé ou babuíno, quase sempre esconde o pênis ereto da visão de um macho superior — ao mesmo tempo que o mostra deliberadamente a uma fêmea. Para isso, descansa no próprio joelho o braço mais próximo ao macho dominante, e deixa sua mão pender. Durante todo o tempo, lança olhares furtivos para o outro macho. Acho que adoro este exemplo por ser tão deliciosamente desavergonhado: somente nos primatas encontramos essa combinação inimitável de dissimulação e lascívia. É uma forma de ardil que Whiten e Byrne chamam de encobrimento. Um dos resultados comuns do encobrimento é outro encobrimento: o macho e a fêmea se escondem atrás de uma pedra ou árvore e copulam de forma clandestina.

Eis outro tipo de encobrimento, que Whiten e Byrne chamam de dissimulação de atenção: um grupo de babuínos está andando por uma trilha estreita. Um deles, a fêmea S, avista um tufo de *Loranthus* — uma trepadeira muito apreciada pelos babuínos — em uma das árvores. Sem olhar para os demais, S senta-se ao lado da trilha e começa a limpar o pelo. Os outros passam por ela. Quando estão fora de vista, ela sobe na árvore e come a trepadeira. Isso é o equivalente babuíno a fingirmos que temos que amarrar os cordões do sapato, quando, na verdade, acabamos de avistar uma nota de 20 dólares caída no chão.

7

É fácil entender a ligação entre formação de alianças e ardis, de um lado, e aumento da inteligência, de outro. Ambas as formas de comportamento exigem habilidade para entender não apenas o mundo, mas também, decisivamente, a mente alheia. Subjacente a elas está a habilidade para perceber, entender ou prever como outro indivíduo vê o mundo.

Consideremos nosso desavergonhado chimpanzé, ocultando seu pênis do macho dominante, enquanto o exibe para uma fêmea. Para fazer isso, o chimpanzé tem que possuir uma concepção da perspectiva do chimpanzé dominante. Ou seja, precisa imaginar o que pode ser visto pelo chimpanzé dominante — que o que este pode ver não é, necessariamente, o mesmo que os outros chimpanzés podem ver, e que tudo depende de onde o macho alfa está em relação aos outros chimpanzés. Isto é, para realizar o encobrimento com sucesso, um chimpanzé precisa ter ao menos alguma ideia do que está se passando na mente de outros chimpanzés. É a isso que os primatologistas estão se referindo quando falam da impressionante habilidade dos primatas para "ler a mente".

A sofisticação dessa habilidade é um pouco maior em nosso segundo exemplo de ardil. Para dissimular que está observando alguma coisa, a babuíno fêmea S precisa não só ter ideia de que os demais podem ver a trepadeira *Loranthus*, ela precisa ter ideia de que os outros podem vê-la olhando para a trepadeira. Ou seja, S compreende que os outros podem perceber que ela está vendo alguma coisa interessante na árvore. Quando S vê a trepadeira, isto é o que se conhece como representação de primeira ordem: S formou uma representação visual do mundo. Se algum de seus companheiros compreende que S está vendo alguma coisa interessante, significa que formou uma representação da representação que ela fez. É o que se conhece como representação de segunda ordem: a representação de uma representação. Entretanto, quando S compreende que os demais podem perceber que ela viu alguma coisa interessante, isto é a representação de uma representação de uma representação: uma representação de terceira ordem.

Eis um caso ainda mais impressionante, cortesia de Whiten e Byrne: um chimpanzé — vamos chamá-lo de chimpanzé 1 — recebe uma caixa de metal com bananas. Quando começa a abri-la, outro chimpanzé aparece — o chimpanzé 2. O chimpanzé 1 rapidamente fecha a caixa de metal e se afasta, sentando-se alguns metros adiante. O chimpanzé 2 sai de perto, mas se esconde atrás de uma árvore e fica observando o chimpanzé 1. Tão logo o chimpanzé 1 abre a caixa, o chimpanzé 2 ataca e tira as bananas do chimpanzé 1. O chimpanzé 1 percebe que o chimpanzé 2 pode ver que ele o vê — uma representação de terceira ordem —, mas o chimpanzé 2 percebe que o chimpanzé 1 pode perceber que ele pode ver que ele o vê. O que parece ser um caso notável de representação de quarta ordem.

O mesmo tipo de habilidade para compreender a mente de outros também pode ser observado quando os primatas formam alianças contra e a favor uns dos outros. A chave para uma aliança bem-sucedida — mesmo que simples — é compreender não apenas como nossas ações irão afetar os demais; mas compreender que tipo de resposta nossas ações irão suscitar nos outros. Quer dizer, você precisa entender a relação entre o que você faz e como os outros vão reagir ao que você fizer — lembre-se da campanha de violência promovida por Luit e Nikkie contra as fêmeas da colônia. Compreender isso é entender como o que você faz influencia o que fazem os outros. Assim, a formação de alianças bem-sucedidas, mesmo que simples, envolve a compreensão das mentes dos demais primatas.

Em resumo, o aumento da inteligência que encontramos nos primatas e nos macacos, mas, aparentemente, não em outras criaturas sociais, resulta de dois imperativos duplos: conspirar contra os outros mais do que os outros conspiram contra você; e mentir mais para os outros do que os outros mentem para você. A natureza da inteligência símia foi irremediavelmente moldada por esses imperativos. Nós nos tornamos mais inteligentes para melhor entender as mentes de nossos semelhantes, de modo a iludi-los e usá-los para nossos próprios propósitos — exatamente o que eles tentam fazer conosco, é claro. Tudo mais — nossa impressionante compreensão do mundo natural, nossa criatividade intelectual e artística — veio depois, como resultado disso.

8

Até o momento, no entanto, não respondemos à pergunta mais interessante. Na verdade, ainda não fizemos a pergunta mais interessante. Por que os lobos ignoraram a trilha da inteligência tão efetivamente percorrida pelos primatas? Neste ponto, os estudiosos dão de ombros. Alguns sugeriram que o fato teria algo a ver com o tamanho dos grupos. Mas isto é pouco mais do que um gesto vago em direção a uma resposta, já que ninguém ainda esclareceu a ligação entre o tamanho dos grupos e a conveniência das conspirações e dos ardis. Tenho uma ideia diferente: uma hipótese que foge, tímida mas perceptivelmente, de ambos os lados de qualquer linha jamais escrita na literatura sobre os primatas.

Luit avança para uma chimpanzé fêmea, enquanto Nikkie, o atual macho alfa, está deitado na relva, a cerca de 50 metros. É possível prever a técnica de flerte usada por Luit: está exibindo para ela seu pênis ereto, mantendo as costas viradas para Nikkie, de modo que este não veja o que está se passando. Nikkie, desconfiado, fica em pé. Lentamente, Luit se afasta alguns metros da fêmea e senta, mais uma vez de costas para Nikkie. Não quer que Nikkie pense que ele se afastou apenas porque ele detectou seu avanço. Entretanto, Nikkie se move lentamente em direção a Luit, apanhando uma pesada pedra no caminho. De vez em quando, Luit olha em torno, para monitorar o avanço de Nikkie; depois, olha para o pênis, que está aos poucos perdendo a ereção. Somente quando seu pênis está flácido, Luit se vira e anda na direção de Nikkie. Então, em uma impressionante demonstração de coragem, dá uma cheirada na pedra, antes de se afastar, deixando Nikkie sozinho com a fêmea.

Por que trilhamos um caminho evolucionário negligenciado pelo lobo? Passagens como a do parágrafo anterior — e existem muitas delas — oferecem uma resposta inequívoca: *sexo* e *violência*. Isto foi o que nos tornou os homens e mulheres que somos hoje. Mesmo um lobo de sorte — um macho ou uma fêmea alfa — só consegue fazer sexo uma ou duas vezes por ano. Muitos lobos nunca fazem sexo — nem manifestam sinais óbvios de sentir falta de sexo ou de estarem ressentidos com a abstinência. Primata que sou, quase não consigo lidar de forma objetiva com os assuntos sexuais. Mas imagine um etologista de Marte, envolvido em um estudo comparativo da vida sexual de lobos e seres humanos. Não concluiria ele que a atitude dos lobos em relação ao sexo é, de muitas formas, fundamentalmente sadia e controlada? Isto é, os lobos apreciam o sexo quando o têm, mas não sentem falta dele quando não o têm. Se substituíssemos o lobo por um ser humano e o sexo por álcool, poderíamos dizer que o ser humano conseguiu desenvolver uma atitude saudável, mantendo-se de forma efetiva entre os vícios da indulgência excessiva e da abstinência repressiva. Mas não conseguimos pensar no sexo desse modo. É claro que, quando sentimos falta dele, somos levados a pensar: sexo é natural, sexo é saudável. Pensamos assim porque somos primatas. Se comparado ao lobo, o primata é um viciado em sexo.

É interessante saber por que as coisas são assim. Talvez porque, simplesmente, os lobos não saibam o que estão perdendo. Ao menos, é isso o que o primata que existe dentro de mim gosta de pensar. As lobas só têm seu ciclo reprodutivo uma vez por ano. O ciclo completo dura em torno de três semanas, e a loba só é fértil na semana do meio. Em qualquer matilha, geralmente, apenas a fêmea alfa passa pelo ciclo reprodutivo. O motivo não é conhecido. Alguns pesquisadores sugerem que se trata de uma forma de pressão social resultante de seu status, que impede as fêmeas subalternas de entrar no ciclo reprodutivo. Mas isto é mais suposição que qualquer outra coisa.

Os primatas, por sua vez, costumam saber o que estão perdendo. Pobre Brenin: com suas tentativas mal dirigidas e sempre abortadas de copular com todas as cadelas de Tuscaloosa County; com sua recusa em fazer distinção com base em espécie ou tamanho; com seu completo descaso pelas limitações impostas pela impossibilidade física. Ele ainda não dominava a atitude saudável e controlada em relação ao sexo enaltecida por nosso imaginário etologista marciano. Ele devia achar que estava perdendo alguma coisa — ou qual seria o sentido daquele esforço? Mas, devido à minha vigilância constante, não estava em posição de saber precisamente o quê; nem iria saber durante muitos anos.

Quando você sabe o que está perdendo, evidentemente, irá separar sexo de reprodução de um modo que Brenin não era capaz de fazer. Brenin era movido por uma cega pulsão genética, não pelo conhecimento do prazer que dele adviria — pois não estava familiarizado com o sexo. Mas nós, primatas, sabemos tudo sobre o prazer. Para o lobo, o prazer é uma consequência do impulso reprodutor. O primata inverteu esse relacionamento. Para ele, a reprodução é o resultado ocasional — e muitas vezes inconveniente — do impulso para obter prazer. Não há nada de errado com esta inversão símia, é claro. Diferentes espécies incorporam diferentes concepções da relação entre a reprodução e o prazer. Mas também não há, necessariamente, nada de certo com a inversão.

A inversão símia tem, no entanto, uma consequência clara. A motivação para conspirar e iludir é muito maior nos primatas que nos lobos. Conspirações e ardis são meios utilizados pelo primata para satisfazer a ânsia decorrente da inversão símia. Isso não quer dizer que esses meios não possam ser usados para outros propósitos que não o sexo. Vimos acima como a babuíno S utilizou um ardil para obter um saboroso tufo de *Loranthus*. O que estamos tentando entender, no entanto, é em que aspectos os primatas são diferentes dos lobos. Um lobo pode ser atraído por um alimento escondido da mesma forma que um primata. Mas, ao contrário do primata, não irá tentar obtê-lo mediante ardis. A conclusão, portanto, é que a capacidade do primata para formular ardis foi adquirida em um contexto diferente e por um diferente motivo. Contexto e motivo, estou sugerindo, derivam em parte da inversão símia do prazer e do sucesso reprodutivo.

A história do pensamento humano — e não apenas do pensamento ocidental — está organizada em torno de uma distinção entre racionalidade ou inteligência, de um lado, e prazer e diversão, de outro. Estes últimos são relegados ao domínio dos desejos básicos ou animalescos. É nossa inteligência e racionalidade que nos torna humanos e nos separa do restante da natureza. Creio, no entanto, que racionalidade e prazer estão ligados de forma muito mais íntima do que queremos reconhecer. Nossa racionalidade é, em parte, uma consequência de nosso impulso para obter prazer.

Se as motivações dos primatas para conspirar e iludir são maiores, maiores também são os riscos. Nikkie não se preparava para advertir gentilmente Luit: ele pegou uma pedra pesada para surrá-lo com mais violência do que seria possível apenas com as mãos. O que é omitido nas discussões sobre as impressionantes conspirações e trapaças dos primatas, muitas vezes, é um certo tipo de malignidade nos métodos empregados para pôr em prática essas conspirações. Esta malignidade não encontra eco na vida dos lobos.

A briga entre Brenin e Rugger foi uma erupção impulsiva e espontânea. Isso não quer dizer que eles não se matariam, se tivessem tido oportunidade. Não posso dizer, com certeza, se a luta iria resultar em morte se tivesse prosseguido — mas isto, neste caso, não me surpreenderia. No entanto, se a morte fosse o resultado, não faria sentido dizer que era um desfecho premeditado. Brenin e Rugger, simplesmente, perderam a cabeça. Suas agressões mútuas eram crimes passionais.

Vamos supor que Brenin, Rugger, Nikkie e Luit fossem humanos. Como iriam se sair em um tribunal? Brenin e Rugger teriam sido condenados por terem perdido a cabeça. E se Nikkie, simplesmente, tivesse sofrido um ataque de raiva ao ver Luit exibindo seus encantos para uma fêmea e o atacado na mesma hora, receberia uma pena igual. Mas Nikkie fez uma pausa no caminho, para pegar uma pedra. Se Nikkie tivesse atacado Luit — e qualquer imprudência por parte de Luit sem dúvida seria o bastante para que o fizesse —, ele seria, e deveria ser, julgado com mais dureza pela agressão. Ter apanhado a pedra demonstra premeditação, o que, para a lei, é suficiente para a aplicação de uma sentença mais severa. O crime de Nikkie teria sido cometido a sangue-frio, não em um ataque de raiva. Com um júri razoavelmente tolerante, o vencedor da luta entre Brenin e Rugger, se esta tivesse resultado em morte, seria preso por homicídio culposo. Mas Nikkie, com a pedra na mão, movido por intenção criminosa, teria sido condenado por homicídio doloso. Creio que a diferença entre a malignidade dos lobos e a malignidade dos macacos é basicamente esta: a diferença entre homicídio culposo e assassinato.

A intenção criminosa satura de tal forma as interações dos símios que só podemos concluir que se trata de uma característica endêmica de seu caráter. Na verdade, a única grande contribuição dos primatas ao mundo — a única definitiva e pela qual serão lembrados — é a intenção criminosa. Se a inversão da relação entre reprodução e prazer é uma invenção símia, podemos dizer o mesmo da intenção criminosa.

Conspirações e ardis assumem importância muito maior quando estamos diante de uma criatura capaz de intenção criminosa. Coloque-se na posição de Luit, com Nikkie avançando em sua direção, segurando uma arma. Se Luit fosse um lobo, as coisas seriam mais fáceis para ele. O macho dominante poderia ter atacado, mas Luit teria evitado um castigo maior apenas se submetendo. No caso dos primatas, se Nikkie não fosse demovido pelos ardis de Luit, ele o teria espancado sem piedade, e sem nenhuma preocupação com as consequências. Quaisquer que fossem as desculpas, por mais sinceras que fossem as expressões de remorso, o desfecho seria o mesmo. Um lobo esquece e perdoa rapidamente. Mas um primata é movido pela intenção criminosa, e não é apaziguado com tanta facilidade. O primata é impiedoso com seus semelhantes de uma forma que um lobo jamais poderia ser.

9

Immanuel Kant, filósofo prussiano do século XVIII, escreveu certa vez: "Duas coisas nunca deixam de me encher de admiração: o céu estrelado acima de mim e a lei moral dentro de mim." Kant não era um caso atípico. Um exame da história do pensamento humano demonstra que valorizamos duas coisas, acima de todas as outras. Valorizamos nossa inteligência: é ela que nos permite entender, entre outras coisas, os mecanismos que regem o céu estrelado acima de nós. E valorizamos nosso senso moral, que nos revela o que é certo e o que é errado, o que é bom e o que é ruim. Que nos revela o conteúdo da lei moral. Nossa inteligência e nossa moralidade, pensamos, nos distingue de todos os outros animais. Temos razão.

Entretanto, a racionalidade e a moralidade não surgem totalmente formadas, como Afrodite surgiu das ondas. Nossa racionalidade é ao mesmo tempo impressionante e única; mas é também uma superestrutura erigida sobre um alicerce de violência e impulso para obter prazer. Em Nikkie encontramos, em forma embrionária, vagas sugestões de um sentido moral: um primitivo sentido de justiça. Luit evitou uma surra violenta porque Nikkie não conseguiu encontrar motivo suficiente para agir contra ele. Mas não é por acidente que o sentido de justiça seja encontrado primeiramente nos primatas. Quando um primata ataca outro, e este ataque é executado com intenção criminosa, sem que possa ser demovido por gestos rituais de reconciliação por parte da vítima, é importante que ataques como este não ocorram com muita frequência. Caso isto ocorra, a colônia logo se desintegrará. Assim, em função de um caráter maligno e violento, encontramos no primata os rudimentos de um tipo de sensibilidade. Uma parte de Nikkie reconhece, embora vagamente, que um ataque contra Luit precisa ter um motivo, fundamentado por uma prova adequada, proporcionando uma justificativa para o ataque e, por conseguinte, sua legitimação. Motivos, provas; justificativa, legitimidade: apenas um animal verdadeiramente malvado precisaria de tais conceitos. Quanto mais desagradável o animal, quanto mais perverso e mais insensível à possibilidade de conciliação, mais precisa de um sentido de justiça. De pé, sozinho na natureza, encontramos o primata: o único animal desagradável o bastante para se tornar um animal moral.

O que é melhor em nós advém do que é pior. O que não é necessariamente uma coisa ruim. Mas algo que devemos ter em mente.

4
A bela e a fera

1

Quando Brenin era um lobo jovem, sua brincadeira favorita era roubar almofadas do sofá ou da poltrona. Se eu estivesse em outro aposento, talvez trabalhando em meu estúdio, ele aparecia na porta, com uma almofada na boca. Quando percebia que eu o tinha visto, disparava pela casa; atravessava a sala, a cozinha e saía para o jardim, comigo em seu encalço. Era uma brincadeira de caçada e podia demorar algum tempo. Eu já o tinha treinado a largar as coisas — era uma das funções do comando "Largue!" —, portanto poderia mandar que largasse a almofada a qualquer momento. Mas não tinha coragem; de qualquer forma, brincar era mais divertido. Assim, ele ficava correndo pelo jardim, orelhas para trás, cauda abaixada e olhos brilhantes de excitação, enquanto eu ia atrás dele, gritando inutilmente. Até completar três meses, era fácil capturá-lo — eu apenas fingia que ele era rápido demais para mim. Mas o fingimento se desvaneceu gradativamente na realidade. Logo ele já me dava pequenos dribles — fingia que ia por um lado e ia pelo outro. Quando aprendi o truque, os dribles se transformaram em dribles duplos. No final, o jogo se transformou em uma sucessão de fintas, fintas duplas, triplas e fintas dentro de fintas. Quando estava no auge da forma, bem sintonizado no jogo, Brenin não tinha ideia do que iria fazer no instante seguinte. Tenho certeza disso. Portanto, obviamente, eu também não tinha nenhuma pista. Praticar essas fintas, é claro, operou maravilhas com minhas habilidades no rúgbi. Eu sempre baseara meu jogo na ideia de passar por cima dos adversários, em vez de contorná-los: eu era o que se conhece como "trombador". Isto funcionava bem no Reino Unido, mas não tão bem nos Estados Unidos, onde os jogadores geralmente são muito maiores, e foram criados jogando futebol americano, onde as trombadas são ferozes. Mas eles são muito mais fáceis de confundir e, com o que Brenin me ensinou, acabei me tornando um demônio arisco e driblador do sudeste dos Estados Unidos.

Meus fracassos em pegar Brenin logo introduziram no jogo uma ousadia dele. Quando eu já estava adequadamente cansado, ele parava na minha frente, e largava a almofada a meio caminho entre nós. "Vamos", era a mensagem. "Pegue!" Assim que me inclinava para pegar a almofada, ele dava um pulo e a apanhava. A perseguição recomeçava. Não importava o quão rápido eu conseguisse me inclinar para pegar a almofada. Brenin era sempre um pouco mais rápido. Era uma habilidade útil: certa vez ele executou o mesmo jogo com um frango recém-assado que roubara da cozinha, durante um momentâneo lapso de concentração de minha parte. Eu poderia tê-lo feito largar o frango, mas para quê? Já não me apetecia, depois de ter estado na boca de Brenin. Portanto, brincamos de perseguição.

Alguns treinadores profissionais de animais olhariam nossa brincadeira com horror. Sei disso porque me disseram. Faziam uma dupla objeção. Em primeiro lugar, a própria natureza do jogo poderia tornar Brenin mais excitável — característica não muito desejável em um lobo. Em segundo lugar, meus fracassos em pegar Brenin poderiam levá-lo à conclusão de que era superior a mim e, portanto, disputar a posição de macho alfa. Talvez fossem preocupações legítimas; mas, com Brenin, nunca se materializaram. E isto porque, acredito, os jogos sempre se desenrolavam de acordo com um ritual definido, cujo início e fim eram bem claros. Se eu estivesse na sala, jamais permitia que Brenin pegasse as almofadas. Suas tentativas eram abortadas com um firme "Larga!". Isso lhe informava que a brincadeira só seria permitida em determinadas ocasiões. E os jogos sempre chegavam a uma conclusão definitiva. Eu dizia: "O.k., acabou!" Então, fazia com que ele me trouxesse a almofada e a largasse. Entrávamos em casa e eu lhe dava uma guloseima qualquer, o que não só reforçava o final da brincadeira, como o fazia associar seu final a uma coisa boa.

Isso funcionou bem durante algum tempo. Entretanto, quando ele tinha em torno de nove meses, resolveu levar o jogo para o nível seguinte. Certa manhã, enquanto eu escrevia no estúdio, ouvi uma sucessão de batidas altas, provenientes da sala. Não satisfeito em levar as almofadas para o jardim, Brenin decidira que seria uma boa ideia levar a poltrona também. As batidas eram causadas pelos repetidos choques da poltrona contra os umbrais da porta, enquanto ele tentava arrastá-la para fora. Foi então que percebi que seria necessária uma abordagem mais radical com relação à brincadeira, baseada no princípio de que, considerando tudo, seria melhor para nós dois se Brenin estivesse sempre cansado. Então, começamos a correr juntos.

2

Tentar manter um lobo sob controle fazendo com que esteja constantemente cansado é uma possível solução. Mas mesmo um raciocínio rápido lhe dirá que não é das melhores. De fato, nossas corridas cansavam Brenin no início. Eu também me cansava — mas isso não tinha muita importância, pois não era eu quem estava tentando arrastar a mobília para o jardim. Brenin, por sua vez, foi aprimorando seu condicionamento físico, tornando-se cada vez mais capaz de, a qualquer momento, promover uma devastação na casa e em seu conteúdo. Corridas que antes o deixavam exausto e necessitado de uma soneca durante o resto do dia se tornaram para ele um leve exercício inicial. Por conseguinte, obrigatoriamente, as corridas foram se tornando cada vez mais longas. Com isso, é claro, a forma física de Brenin melhorou ainda mais. E é fácil de imaginar aonde isso levou. Bicicletas eram uma opção. Mas naquela época as pessoas do Alabama não aceitavam muito bem as bicicletas — coisa que descobri ao ser quase decapitado quando andava de bicicleta, num incidente que envolveu alguns caipiras bêbados em uma picape, armados com um taco de beisebol. Naqueles tempos, no

Alabama, somente liberais, comunistas e hippies viajavam em veículos autopropulsionados. Portanto, a bicicleta deixou de ser uma opção.

Continuamos a correr e ficamos ambos em ótima forma, mais magros e mais fortes. Este ímpeto pragmático que me levou a uma boa condição física levou-me também a uma constatação. Certo dia, correndo com Brenin, percebi algo profundo, que me tornou mais consciente de minhas limitações: eu estava na presença de uma criatura inquestionável, demonstrável, irremediável e categoricamente superior a mim — em todos os aspectos importantes. Este momento foi um divisor de águas na minha vida. Eu sou um cara autoconfiante. Se as pessoas não me acham arrogante — ou talvez achem — é apenas porque sou bom em esconder isso. Eu não sou humilde. Mas não me lembro de jamais ter me sentido daquela forma na presença de um ser humano. Naquele momento, percebi que tinha vontade de ser menos como eu, e mais como Brenin.

Minha percepção era fundamentalmente estética. Quando corríamos, Brenin deslizava pelo chão com uma elegância e uma economia de movimentos que eu jamais vira em um cão. Quando um cão trota, por mais refinado e eficiente que seja seu ritmo, há sempre um pequeno vetor vertical presente no movimento de seus pés. Se você tem um cachorro, observe-o atentamente na próxima vez em que sair com ele. Quando seus pés se movem para a frente, também se movem para cima e para baixo, mesmo que levemente. Este movimento dos pés se transmite à linha dos ombros e costas — que chacoalham para cima e para baixo, enquanto seu cão segue em frente. Dependendo do tipo de cachorro que você possui, este movimento pode ser evidente ou quase imperceptível. Mas estará sempre lá, se você observar com atenção. Em Brenin, não se via tal movimento. Um lobo usa suas ancas e seus pés largos para se impulsionar para a frente. Por conseguinte, há muito menos movimento em suas pernas — que permanecem retas, movendo-se para diante e para trás, mas não para cima e para baixo. Assim, quando Brenin trotava, seus ombros e costas permaneciam nivelados. Parecia estar flutuando a alguns centímetros do chão. Quando se sentia particularmente feliz, ou satisfeito consigo mesmo, andava aos pulos. Mas seu movimento normal era um deslizar suave. Agora, Brenin se foi.

Quando tento evocar sua imagem, é difícil pintar o quadro com os detalhes necessários para torná-lo uma representação viva e concreta. Mas vejo sua essência: o lobo espectral no alvorecer enevoado do Alabama, deslizando sem esforço, fluido e sereno.

O contraste com a passada barulhenta, pesada e ofegante do primata que corria a seu lado não poderia ser mais pronunciado ou deprimente. Eu gostaria de ser capaz de deslizar sobre o solo como se estivesse flutuando sobre ele. Mas por melhor corredor que me tornasse — e fiquei muito bom — essa habilidade sempre me escapou. Aristóteles, certa vez, estabeleceu uma distinção entre as almas das plantas e as dos animais. As plantas, afirmou ele, possuem apenas uma alma nutritiva — uma alma cuja função é absorver, processar e excretar alimento. Mas as almas dos animais, segundo Aristóteles, eram locomotoras. Não foi por acidente, creio eu, que ele caracterizou as almas dos animais em termos de movimento. Contrariamente ao que me disseram, quando eu era estudante, não penso que Aristóteles quis dizer apenas que os animais se movem e as plantas não. De modo geral, ele não era fã de banalidades. Em vez disso, acredito, se você quiser entender a alma do lobo — sua essência, o lobo por inteiro —, deverá observar o modo como ele se movimenta. E a agitação brusca e deselegante do primata, vim a perceber com tristeza e desapontamento, é uma expressão da alma brusca e deselegante que existe dentro dele.

Apesar desse caso infeliz de inveja entre as espécies, minha transformação física continuou a se processar rapidamente. Brenin também se tornou mais forte. Quando tinha um ano, media 86 centímetros, do chão até as omoplatas, e pesava 54 quilos. Quando terminou de crescer, adicionou mais 3 centímetros e 15 quilos a essas medidas. Era incrivelmente forte. Mas eu não poderia permitir que ele me desafiasse pela posição de macho alfa. Além disso, tinha a responsabilidade de mantê-lo sob controle na proximidade de cães. Incidentes como o de Rugger eram raros, sobretudo porque Brenin obedecia aos meus comandos. E eu pretendia manter as coisas assim. Portanto, quatro vezes por semana, eu deixava Brenin com alguém por duas horas, ia para a academia e fazia um treinamento mais puxado do que jamais fizera na vida. Desta forma, quando Brenin tinha um ano de idade, e eu 27, eu media 1,80m — a mesma altura que tinha aos 12 anos — e pesava 90 quilos. Meu percentual de gordura era de 8%. E eu conseguia erguer 140 quilos no supino.

Também podia levantar do chão pelo menos 54 quilos. Não sei disso porque o fizesse no ginásio, mas por conta do método que usava para separar Brenin dos cães. Brigas para valer, como já disse, eram raras. Fiquei muito bom na arte de prever quando uma briga estava para estourar. Nessas ocasiões, segurava Brenin pelos dois lados da nuca e o levantava do chão, segurando seu rosto em frente ao meu. Olhava em seus olhos cor de âmbar e sussurrava: "Vai querer me encarar, garotão?" Isso, é claro, soa horrivelmente machista; e acho que era. Quando você frequenta a academia quatro dias por semana, semana após semana, vai acumular um bocado de testosterona em seu organismo. Mas, além de machismo, havia método. Os pais dos lobos carregam os filhotes pela nuca. Quando isso acontece, os filhotes sossegam e podem ser carregados. Agarrando Brenin daquele modo, eu reforçava o fato de que eu era o pai em nosso relacionamento e que ele deveria parar de resistir. Acho que Brenin sabia o que estava acontecendo: eu lhe apresentava um cenário facilmente reconhecível, que lhe impunha a desistência de qualquer agressão que tivesse em mente. Na verdade, o método só funcionava com sua ativa cumplicidade. Ele era pelo menos tão alto quanto eu. Eu só conseguia levantá-lo do chão porque, quando o segurava pela nuca e iniciava o movimento, ele curvava as pernas traseiras sob ele mesmo — como um coelho sendo tirado da cartola de um mágico.

3

Certa tarde, durante o longo, quente e extremamente úmido verão do Alabama, resolvi dar uma corrida. Decidi também, contrariando meus hábitos, não levar Brenin. Preferi não arriscar a saúde dele, que não andava muito boa nos últimos dias, por conta do calor e da umidade. Brenin discordou com veemência de minha decisão e tornou claro seu desagrado. Deixei uma amiga tomando conta dele.

Depois de um período de tentativas e erros, aparentemente curto, Brenin conseguiu abrir a porta do jardim — arrancando-a das dobradiças — e disparou atrás de mim. Como não tínhamos um roteiro estabelecido — mudava todos os dias —, suponho que ele tenha seguido meu cheiro. Após correr dez minutos, ouvi um rangido de freios, seguido de um baque alto e preocupante. Olhei e vi Brenin caído na estrada, atingido por um Chevrolet Blazer, uma caminhonete grande. O carro tinha me ultrapassado havia pouco tempo, a uma velocidade de 80 quilômetros por hora, segundo minhas estimativas. Por alguns segundos, meu coração parou, enquanto Brenin ficou estendido na estrada, uivando. Então, levantou-se e correu para o bosque às margens da estrada. Levei cerca de uma hora para encontrá-lo. Quando o achei, ele estava bastante bem. Jennifer, nossa veterinária, confirmou que havia alguns cortes e contusões, mas nenhum osso quebrado. Em um ou dois dias, ele voltou ao normal. Na verdade, O Chevrolet ficou mais danificado.

O Blazer teria me matado. Mas os ferimentos de Brenin sararam em poucos dias. E não restou nenhuma cicatriz psicológica. No dia seguinte, ele já estava me importunando para levá-lo para correr. Ele nunca demonstrou nenhum temor subsequente dos carros que passavam a seu lado na estrada, em disparada. Brenin era um animal muito resistente e equilibrado, tanto física quanto psicologicamente. Quero que você se lembre disso quando eu lhe contar a história que se segue.

Estávamos correndo novamente, mas alguns anos depois. Havíamos nos mudado para a Irlanda — para Cork, especificamente — e estávamos correndo juntos às margens do rio Lee. Deixando para trás o Parque do Vale do Lee, dirigimo-nos para as pastagens de vacas, que ladeavam o rio. Muita gente pensa que as vacas são criaturas tolas e apáticas, que passam a vida entorpecidas, ruminando e olhando para o nada. Brenin e eu sabíamos que era diferente. Às vezes, quando o dia está claro e o vento traz a promessa de verão, elas se esquecem do que são — do que dez milênios de cruzamentos seletivos fizeram delas — e celebram o fato de estarem vivas em um dia como aquele.

As vacas, inusitadamente, pareciam gostar de Brenin; e ele, claramente, retribuía o sentimento. Em dias de primavera, como aquele, sempre que nos viam, elas vinham correndo dos recantos mais longínquos dos campos, mugindo suas saudações. Tenho a impressão de que era porque seus bezerros lhes eram retirados à força — eram vacas leiteiras — e provavelmente confundiam Brenin com um dos seus, um filho pródigo que retornava à relva verdejante do lar. Talvez Brenin pensasse que elas o tomavam por algum deus: o deus das vacas. Qualquer que fosse o motivo, ele trotava até elas e dava uma lambida no focinho úmido de cada uma. Ele podia não gostar de cães, mas, com certeza, gostava de vacas.

Havia cercas elétricas para manter as vacas nos pastos. Quando estávamos fazendo o percurso de volta, segurei a coleira de Brenin, já que vira Paco, um grande são-bernardo. Brenin ainda era oficialmente hostil a todos os grandes cães machos e eu não estava muito disposto a ter que separar aqueles dois. Enquanto eu segurava sua coleira, ele passou por baixo de uma das cercas elétricas. Meu cotovelo roçou na cerca e o choque se transmitiu a Brenin. Brenin saiu em disparada, de uma forma pouco digna, que lembrava mais um gato escaldado que o deus das vacas, passando direto pelo algo perplexo Paco. E não parou até chegar ao carro, uns três quilômetros adiante. Já estava esperando por mim, ansioso e ofegante, quando cheguei. Tínhamos percorrido aquele mesmo trajeto quase todos os dias, chovesse ou fizesse sol, durante a maior parte do ano. Mas ele jamais voltou lá. Recusou-se terminantemente, apesar dos meus pedidos, tentativas de coerção e de suborno. Isso demonstra como a eletricidade, ao que tudo indica, é aterrorizante para os lobos. Como eles a detestam.

Você poderia pensar que Brenin estava sendo um tanto histriônico. Afinal de contas, foi apenas um pequeno choque elétrico. Se você está inclinado a pensar assim, lembre-se do Chevy Blazer. Bem pesadas as coisas, parece que, para Brenin, um pequeno choque era muito pior que ser atropelado por uma caminhonete.

4

Se você quiser observar a maldade humana em toda a sua pureza, engenhosidade e liberdade, poderá encontrá-la na *shuttlebox*, ou caixa de vaivém. Trata-se de um instrumento de tortura inventado por R. Solomon, L. Kamin e L. Wynne, psicólogos de Harvard. A caixa consiste em dois compartimentos separados por uma barreira. O piso de cada um deles é formado por uma grade eletrificada. Solomon e seus colaboradores colocam um cão em um dos compartimentos e lhe aplicam um intenso choque elétrico nos pés. Instintivamente, o cão pula de um compartimento para o outro. Em uma experiência típica, o procedimento é repetido diversas vezes — centenas de vezes. A cada uma delas, o pulo vai se tornando mais difícil para o cão, pois os pesquisadores, gradualmente, aumentam a altura da barreira. A certa altura, o cão já não consegue saltar e cai na grade eletrificada — arquejando, tremendo e gritando. Em uma variante, os pesquisadores eletrificam ambos os lados da barreira. Para onde quer que o cão pule, irá receber um choque. Mas como a dor do choque é intensa, o cachorro tenta escapar, embora a tentativa seja inútil. Assim, o cão fica pulando de uma grade eletrificada para outra. Quando os pesquisadores descreveram a experiência, relataram que o cão dava um "curto latido de antecipação, que se transformava em ganido, quando ele aterrissava na grade eletrificada". O resultado final é o mesmo. O cão exausto, deitado no piso, urinando, defecando, ganindo e tremendo. Depois de dez ou 12 dias de provações, o cão deixa de resistir ao choque.

Se fossem apanhados fazendo isso no recesso de suas casas, Solomon, Kamin e Wynne teriam sido processados, multados e, provavelmente, proibidos de possuir animais por um período de cinco a dez anos. Deveriam ir para a cadeia. Mas, como realizaram as pesquisas em um laboratório de Harvard, foram recompensados com as pompas dúbias do sucesso acadêmico: vida confortável, salário generoso, adoração dos alunos e inveja dos colegas. A tortura de cães promoveu suas carreiras e gerou toda uma dinastia de imitadores. Experiências desse tipo continuaram a existir por mais de três décadas. O mais famoso imitador foi Martin Seligman, presidente da Sociedade Americana de Psicologia, até recentemente. Mas Seligman deixou de fazer esses testes. Seu interesse atual é a felicidade. Os cães, é claro, não participam de experiências para fazê-los felizes. Só são admitidos nas experiências perversas.

Por que tal tortura foi permitida? Por que se pensou que seria uma pesquisa valiosa? As experiências tinham por objetivo estabelecer um modelo para a depressão conhecida como "desamparo aprendido"; a ideia era mostrar que a depressão pode ser aprendida. Por algum tempo, os psicólogos atribuíram grande importância a elas. Finalmente — após trinta anos de eletrocução de cães e outros animais — concluiu-se que o modelo não resistia a um escrutínio cuidadoso.

Em experiências como essa, creio que encontramos uma instrutiva concentração da maldade humana.

5

Os tempos andam difíceis para o mal, ultimamente. Não que não exista muito mal por aí — pelo contrário —, mas porque muitas pessoas, presumivelmente inteligentes, relutam em admitir sua existência. Pensam que o mal é uma relíquia dos tempos medievais — uma força sobrenatural que emana do Diabo, o qual executa seu trabalho diabólico introduzindo o mal nos corações dos homens e das mulheres. Portanto, hoje, temos uma tendência a colocar o mal entre aspas. O que chamamos de "mal" é um problema médico — resultado de alguma forma de doença mental; ou um problema social — resultado de algum desajuste. Essas crenças têm duas consequências. Em primeiro lugar, o "mal" é algo que existe apenas às margens da sociedade, entre os psicológica ou socialmente desamparados. Em segundo, o mal não é, de fato, culpa de ninguém. Quando as pessoas fazem alguma coisa que somos tentados a chamar de "má", não podem ser responsabilizadas por seus atos. Ou são mentalmente doentes, ou suas circunstâncias sociais não lhes ofereceram oportunidades. Podem ser disfuncionais no sentido médico ou social, mas não são moralmente más. O mal nunca é o que parece ser; o mal é sempre outra coisa.

Acho tudo isso errado. A moderna e supostamente esclarecida concepção do mal negligencia uma coisa muito importante. Não que eu queira defender a concepção medieval do mal, como força sobrenatural. Mas duas alegações fundamentais da moderna concepção do mal

— de que este só existe às margens da sociedade e de que não é culpa de ninguém — não podem, penso eu, ser defendidas. Para substituir essa concepção, vou fazer uma narrativa do mal que é simples apenas na aparência. Em primeiro lugar, o mal consiste em coisas realmente más. Em segundo, as pessoas más são aquelas que fazem coisas muito más, por conta de alguma falha da parte delas.

Vamos tentar analisar como começamos a desconfiar da concepção moderna do mal. Esta se baseia na ideia de que maldades são realizadas por pessoas más; e pessoas más agem por motivos malignos. Se você não tem controle sobre seus motivos — seja por doença ou por um desajuste social —, então não terá controle sobre suas ações. Essa conexão entre más ações e motivos malignos não é acidental. Remonta à distinção que, na Idade Média, era feita entre o mal "moral" e o mal "natural". Filósofos medievais, como São Tomás de Aquino, notaram que o mal — que imaginavam como dor, sofrimento e coisas correlatas — pode ser causado por dois tipos de coisa: eventos naturais e intervenção humana. Terremotos, inundações, doenças e secas, entre outras coisas, podem provocar sofrimentos sérios e prolongados. A dor e o sofrimento resultantes destes fenômenos eram chamados por eles de mal natural, que distinguiam da dor e do sofrimento causados pela intervenção humana — o mal que os homens fazem. Este era chamado por eles de mal moral. Mas a ideia de intervenção — de ação — engloba a noção de um motivo, ou intenção. Um terremoto ou uma inundação não têm motivo. Não agem. Apenas acontecem. Os seres humanos, por seu turno, podem agir: podem fazer coisas. Mas fazer coisas, em oposição a elas acontecerem com você, requer um motivo. Cair na escada não é alguma coisa que você faça — é algo que acontece a você. Ações genuínas exigem motivos. Portanto, as pessoas inferiram (embora, de forma estrita, não se trate de uma consequência) que uma pessoa má é alguém que age por motivos malignos.

O resultado é uma concepção altamente intelectualizada de mal moral. Um bom exemplo é proporcionado por Colin McGinn, um amigo e um dos melhores filósofos atuais, que compreende o mal moral, em essência, como um tipo de *schadenfreude*: sentir prazer com a dor, o sofrimento e a desgraça de outra pessoa (embora, para ser justo, eu não creia que McGinn considere isso como uma definição geral do mal moral). Isso pode ser uma boa maneira de entender o mal. Seguramente é maldade sentir prazer na dor, no sofrimento ou desgraça de outra pessoa? E seguramente o tipo de pessoa que faz isso é um bom exemplo de uma pessoa má? Na verdade, porém, não acredito que essa ideia proceda.

Vejamos o seguinte caso: uma menininha foi regularmente estuprada pelo pai desde a mais tenra idade. Horrorizado, você poderá perguntar, como uma vez perguntei, o que a mãe dela estava fazendo durante todo esse tempo. Ela não percebeu o que estava acontecendo? A resposta da menina me deixou arrepiado, até a medula. Até hoje penso sobre o assunto. Quando o pai chegava em casa bêbado, violento e louco para provocar uma briga — o que sempre acontecia —, a mãe, como declarou, dizia à menina para "entrar lá e fazer com que ele sossegasse". Sempre que preciso de uma imagem da maldade humana em minha mente, apenas penso nessa mulher dizendo à filha para "entrar lá e fazer com que ele sossegasse".

Existem dois atos de maldade envolvidos aqui: os repetidos episódios de estupro pelo pai e a cumplicidade ativa da mãe. E não é fácil dizer o que é pior. A mãe era uma vítima — com certeza —, mas era menos perversa? Ela trocou o corpo, a inocência e, quase certamente, qualquer perspectiva de felicidade futura de sua filha para obter um alívio transitório do marido monstruoso. Sua maldade, podemos presumir, era alimentada pelo seu terror — e não pelo prazer em ver o sofrimento e a desgraça de sua filha. Mas isso não muda o fato de que suas ações eram tão malévolas quanto é possível imaginar. Pense nisso quando presumir que vítimas não podem ser más. Se o pai e a mãe não eram ambos maus, é difícil imaginar que alguém seja.

Entretanto, em nenhum dos casos este mal pode ser adequadamente compreendido, em termos de motivos, pelo menos não dos tipos que McGinn considera decisivos. Quem sabe quais seriam os motivos do pai? Talvez compreendesse que o que estava fazendo era mau. Talvez não. Vamos supor que não. Suponha que pensasse que aquilo era um aspecto perfeitamente natural da vida em família — talvez por ter crescido em circunstâncias similares. Talvez pensasse que aquilo era, simplesmente, o modo certo de fazer as coisas. Talvez pensasse ser seu direito ter domínio absoluto sobre a filha, já que a trouxera ao mundo — o direito do criador sobre sua criação. Talvez pensasse que estava fazendo um favor à filha — preparando-a, do modo mais educativo possível, para sua futura vida sexual.

Tudo que posso dizer é: não importa o que ele estava pensando. Não há necessidade de especularmos sobre seus motivos. Mesmo que achasse não estar fazendo nada de errado — mesmo achando que estava agindo bem —, isso em nada diminui sua maldade. Suas ações ainda estão entre as mais maléficas que se pode imaginar.

Você pode ser mau — como a mãe — por ter falhado em seus deveres de proteção; o terror que sente é irrelevante. Você pode ser mau — como o pai, na reconstrução especulativa de seus motivos — por ser um homem irremediavelmente idiota. Mas, em nenhum dos casos, sua maldade tem qualquer relação com a obtenção de prazer com a dor, o sofrimento e a desgraça dos outros. A maldade deliberada, penso eu, tem pouco a ver com a essência do mal. Não significa que esta maldade não desempenhe nenhum papel na realização de atos malignos. Em alguns casos, seu papel é claro. Minha ideia é de que tais casos são relativamente raros.

Vamos avançar alguns anos, pelo menos em imaginação, deixando o sofrimento da filha e indo até o julgamento dos pais. Vamos supor que o pai e a mãe acabaram sendo presos e punidos. Se a punição era suficiente é assunto controverso. Não sei bem, nas circunstâncias, qual seria a reação emocional da filha. Eu diria que um tanto confusa. Mas suponha que não. Suponha que ela se sentisse extremamente feliz. E mais: suponha que o motivo de sua felicidade não fosse porque um longo tempo na prisão poderia reabilitar os pais — finalmente teriam a assistência de que necessitavam. E suponha que ela não se sentisse feliz pelo efeito inibidor que a prisão dele poderia ter sobre outros pedófilos. Suponha que ela se sentisse feliz pelo mais simples e básico dos motivos: vingança.

Suponha que ela esperasse que o pai não fosse punido apenas com a perda da liberdade. Suponha que ela desejasse que ele dividisse a cela com um cara grandalhão, com tendências à sodomia e ao estupro, e assim "provasse do próprio veneno". Seria esta uma esperança maligna? Seria ela uma pessoa maligna por alimentar tal esperança? Não creio. Acho que seu desejo de vingança pode ser lamentável. Indício, talvez, de permanentes danos psicológicos, conducentes à inabilidade para prosseguir com sua vida. Talvez. Mas não se poderia dizer que, nessas circunstâncias, a moça fosse uma pessoa má. Sentir prazer com a desgraça de pessoas ruins — quando você, pessoalmente, sofreu nas mãos delas — talvez não seja um dos melhores exemplos de desenvolvimento moral e maturidade. Mas está muito longe de ser um sentimento maligno.

Portanto, contrariando o pensamento de McGinn, penso que a *schadenfreude* não é uma condição necessária, nem suficiente, para que uma pessoa seja considerada má. Não é necessária porque você pode ser mau mesmo se não sentir prazer com a dor, o sofrimento e a desgraça de outros. Você pode ser mau, como foi essa mãe, porque não cumpre com seu dever. Você pode ser mau, como o pai em nossa reconstrução especulativa e talvez falsa, porque possui crenças idiotas. E a *schadenfreude* não é o bastante para que você seja considerado uma pessoa má. Sentir prazer com o sofrimento de gente ruim — sobretudo depois de sofrer em suas mãos — não o torna automaticamente mau.

Muitas pessoas ficariam espantadas se eu equiparasse as experiências de Solomon, Kamin e Wynne com o caso da menina estuprada — como se isso, de certa forma, diminuísse o sofrimento dela. Mas tal reação não se baseia na lógica. Os casos se equivalem. Subjacente a ambos está a existência de coisas muito malignas — dor e sofrimento em uma escala que a maioria de nós seria incapaz de imaginar. E essas coisas ruins são o resultado de algum tipo de falha por parte de seus agentes. Uma falha, em última instância, no cumprimento do dever; mas existem dois tipos de dever.

Por um lado, pode ocorrer uma falha no cumprimento do dever moral. O dever, no caso, é o de proteger os indivíduos indefesos daqueles que os consideram inferiores e, portanto, descartáveis. Se isto não é uma obrigação moral, é difícil imaginar o que seja. A mãe é culpada por essa falha. O indubitável terror que o marido lhe inspirava pode servir como atenuante, mas não é o bastante para erradicar sua culpa.

Existe, no entanto, outro tipo de culpa a ser analisado: algo que os filósofos chamam dever epistêmico. Trata-se do dever de submeter nossas crenças a um escrutínio crítico: examinar se são corroboradas pelas evidências existentes e, pelo menos, tentar determinar se existem ou não evidências em contrário. Nos dias de hoje, este tipo de dever não recebe muita atenção; é tão pouco levado em conta que a maioria das pessoas não o considera nem mesmo um dever (o que, em si, é uma falha no dever epistêmico). Em nossa — talvez implausível — reconstrução de motivos, o pai foi culpado por esse tipo de falha.

Encontramos falhas similares no caso de Solomon, Kamin e Wynne, e seus numerosos imitadores: crenças ridículas e não corroboradas, como a de que torturar cães com eletricidade irá revelar alguma coisa interessante sobre a natureza da depressão humana — como suas causas variadas, etiologias e síndromes. Neles, também, encontramos a diminuição do dever moral de proteger uma criatura sensível e indefesa do tipo de sofrimento que a maioria de nós, abençoadamente, nem conseguimos imaginar.

Nós, humanos, falhamos em enxergar o mal no mundo porque nos distraímos com motivos vistosos que não nos deixam perceber a hediondez subjacente. Essa distração é uma falha tipicamente humana. Sempre que examinamos atentamente o mal, sob suas várias formas e aspectos, encontramos falhas, tanto no dever epistêmico, quanto no dever moral. O mal resultante da vontade explícita de causar dor e sofrimento, para obter prazer, é uma rara exceção.

Isso tem uma consequência notável: existem mais atos malignos e mais pessoas malignas do que gostamos de admitir. Quando pensamos no mal como doença ou desajuste social, presumimos que o mal é uma exceção, que permanece às margens da sociedade. Mas, na verdade, o mal permeia completamente a sociedade. Manifesta-se em pais abusivos e mães cúmplices. Mas também se manifesta em psicólogos privilegiados e felizes de Harvard, pretensos peritos nos domínios da saúde mental, que deveriam agir movidos pelas melhores intenções com relação à humanidade. Eu já pratiquei ações malignas; muitas delas. E você também. O mal é cotidiano. É lugar-comum. É banal.

Em sua brilhante análise do julgamento de Adolf Eichmann, Hannah Arendt introduziu a ideia da banalidade do mal. Os crimes que Eichmann cometeu, como oficial responsável pela sistemática eliminação de judeus promovida pelo regime nazista, não resultaram de seu desejo de infligir dor ou degradação. Ele não tinha tal desejo. Em vez disso, suas ações malignas, segundo ela, decorreram de sua incapacidade de sentir empatia por suas vítimas e de submeter suas crenças e valores a um escrutínio crítico. Concordo com Arendt que o mal é banal. Mas o que o tornou assim foi nossa falta de vontade de mudar de atitude, em vez da incapacidade para fazê-lo. Solomon, Kamin e Wynne, de modo geral, não eram incapazes de examinar suas crenças. Simplesmente, não quiseram fazê-lo. Não eram incapazes de proteger aqueles cães de torturas adicionais. Apenas não quiseram fazê-lo.

Immanuel Kant disse uma vez, corretamente, que dever significa poder. Dizer que devemos fazer alguma coisa implica que somos capazes de fazê-la. Da mesma forma, dizer que não devemos fazer alguma coisa implica que somos incapazes de fazê-la. Quando compreendemos a banalidade do mal em termos de incapacidade, isso nos proporciona uma desculpa bastante conveniente: não poderíamos ter feito as coisas de modo diferente do que de fato fizemos. A incapacidade retira a culpa. Mas penso que não somos tão facilmente desculpáveis.

A falha em cumprir o dever, tanto moral quanto epistêmico, uma falha acarretada mais pela falta de vontade do que pela incapacidade, caracteriza a maior parte do mal existente no mundo. Existe, porém, outro ingrediente para o mal, sem o qual nenhuma falha teria consequências: o desamparo da vítima.

6

Você deve ter notado que o escopo geral deste capítulo não combina muito bem com a discussão do capítulo anterior, sobre a singularidade dos primatas — no qual argumentei que uma contribuição inquestionável que estes trouxeram para o mundo foi a intenção criminosa que move suas relações mútuas. Isto, naturalmente, conduz à ideia de que o mal caracteristicamente humano resulta de premeditação. Entretanto, neste capítulo, argumentei que a maior parte do mal produzido pelos seres humanos não é resultado de intenções maléficas, mas da falta de vontade das pessoas em cumprir o dever moral e epistêmico. Mas só estamos a meio caminho em nossa explanação sobre o mal, e ainda há bastante tempo para que a intenção criminosa — esta invenção símia — seja trazida à baila. A premeditação desempenha um papel crucial na maldade humana; nem tanto na perpetração dos atos, mas na preparação do terreno em que esses atos serão realizados. A maldade dos primatas — dos primatas humanos em particular — está em como constroem o desamparo. Os primatas humanos engendram a possibilidade de seu próprio mal.

Os cães eram tão indefesos quanto a menina estuprada pelo pai. As crianças são naturalmente indefesas, mas os cães foram projetados para ser assim. Solomon, Kamin e Wynnie imaginavam estar estudando o fenômeno do desamparo aprendido, enquanto, durante todo o tempo, eram cúmplices na atividade de provocar o desamparo. Isto pode parecer irônico, mas não há nenhuma ironia, eles apenas seguiam um propósito. Para estudar o desamparo nos seres humanos, precisavam primeiro provocá-lo em um animal.

Em seu romance *A Insustentável Leveza do Ser*, o escritor tcheco Milan Kundera diz uma coisa de fundamental importância sobre a natureza da bondade humana:

> *A verdadeira bondade humana só pode se manifestar, em toda sua pureza e liberdade, em benefício de quem não tem poder. O verdadeiro teste moral da humanidade (o mais radical, situado em um nível tão profundo que foge à nossa atenção) está nas relações desta com aqueles que estão à sua mercê: os animais. E aqui encontramos a deficiência fundamental do homem, tão fundamental que todas as outras se originam dela.*

Se nós, humanos, atribuímos um peso tão desproporcional aos motivos e se estes são apenas máscaras que ocultam uma verdade horrenda, então, para entender a bondade humana, precisamos apenas despir as camadas de motivos. Quando as outras pessoas estão desvalidas, não há nenhum motivo egoísta para tratá-las com decência ou respeito. Elas não podem ajudá-lo nem estorvá-lo. Você não tem medo delas, nem precisa de sua ajuda. Em tal situação, o único motivo para tratá-las com decência e respeito é de ordem moral: você as trata assim porque é a coisa certa a fazer. E você o faz porque este é o tipo de pessoa que você é.

Eu sempre julgo as pessoas pelo modo como tratam os mais fracos. Julgo o rico comensal pelo modo como trata os garçons e garçonetes que o servem. Julgo o gerente do escritório reparando como trata seus funcionários. Você aprende muito a respeito de uma pessoa observando coisas assim. Mas mesmo esses testes têm falhas. O garçom ofendido pode cuspir, ou coisa pior, na sopa do jantar. Os funcionários do escritório podem fazer um trabalho ruim, complicando o gerente junto a seus superiores. Você descobre coisas importantes sobre as pessoas quando vê como tratam os mais fracos. Mas descobre quase tudo sobre as pessoas quando vê como tratam aqueles que não têm absolutamente nenhum poder; que estão indefesos. E, como Kundera destaca, os candidatos mais óbvios para tal status são os animais.

Ironicamente, tratando-se de uma criatura tradicionalmente usada para simbolizar o lado sombrio da alma, Brenin, na verdade, não se saiu mal no teste de Kundera. Suas lutas, embora selvagens e sanguinárias, sempre envolviam um cão tão grande e agressivo quanto ele. Em outras palavras, sempre envolviam um cão que Brenin encarava como ameaça real ou potencial. Eu conheci muitos desses cães, pertenciam aos meus colegas de rúgbi ou a pessoas ligadas a eles. Alguns atravessariam uma vidraça, se achassem que conseguiriam uma boa briga do outro lado. Eles eram — e isso é uma verdade simples e objetiva — uma ameaça real ou potencial. Cães que eram visivelmente mais fracos que Brenin eram tratados com indiferença, ou com um tipo peculiar de bondade. Lembro-me de um labrador macho, de seis meses, correndo em direção a Brenin, seguido por seu dono desesperado. Em sua excitação, o cachorrinho pulou em cima de Brenin — coisa que Brenin detestava. Mas nada podia fazer a respeito. Então, colocou na boca a cabeça do labrador e a manteve ali, gentilmente, tentando controlá-lo. Você deveria ter visto a expressão do dono. Talvez eu esteja me deixando levar pela saudade, mas, tanto quanto posso me lembrar, se Brenin fosse julgado pelo padrão de Kundera, sairia com sua reputação moral razoavelmente intacta.

Assim como a bondade humana só pode se manifestar em benefício de quem não tem poder, o mesmo ocorre com a fraqueza — ao menos relativa —, uma condição necessária para a maldade humana. E é neste ponto, creio eu, que encontramos a deficiência fundamental dos seres humanos. Os humanos são animais que criam a fraqueza. Pegamos os lobos e os transformamos em cães. Pegamos os búfalos e os transformamos em vacas. Pegamos garanhões e os castramos. Enfraquecemos as coisas para podermos usá-las. Nisso, somos absolutamente singulares no reino animal. A criança estuprada era naturalmente desamparada. Mas os cães de Solomon, Kamin e Wynne eram o produto de 15 mil anos de engenharia social e genética que os levaram, de modo inexorável, para uma caixa eletrificada.

Os humanos não são os únicos a tratar mal os fracos ou indefesos. Todos os animais exploram os fracos — embora via de regra não haja escolha. Uma matilha de lobos simula ataques a uma manada de caribus, justamente para encontrar sinais de fraqueza em algum integrante da manada. Quando tais sinais são detectados, os lobos concentrarão suas energias naquele indivíduo. Uma mãe loba irá matar seu filhote, se perceber nele algum sinal de fraqueza. A vida é um processo bastante desagradável que separa os fracos dos fortes. A vida é profundamente cruel.

O que é característico dos seres humanos, no entanto, é que estes aprimoraram a dureza da vida, tornando-a mais intensa. Levaram a crueldade da vida a um outro patamar. Se quiséssemos definir os seres humanos em apenas uma frase, esta serviria: seres humanos são animais que engendram seu próprio mal.

Não é nenhum acidente que sejamos esses animais. Nos primatas, como vimos, a inteligência social está em primeiro lugar. Somos tão aptos a criar fraquezas em outros animais porque, primeiro, fizemos isto uns com os outros. As conspirações e as mentiras de um primata são suas tentativas de tornar primatas mais fortes do que ele em primatas mais fracos do que ele. O primata em nós está sempre atento à possibilidade de engendrar fraquezas em outros primatas. Está sempre em busca de uma oportunidade para praticar o mal.

    O problema é que tudo o que vai, volta. Não é possível ver os outros como oportunidades a serem exploradas, como portadores de fraquezas a serem expostas, sem que isso acabe se voltando contra nós, maculando decisivamente o modo como pensamos a nosso próprio respeito. De maneira implícita, vejo a mim mesmo como portador de fraquezas que podem ser expostas porque, durante toda a minha vida, vi os outros assim. A fragilidade que criamos em nós mesmos consiste, fundamentalmente, em certa forma de pensar sobre nós mesmos e sobre os atos malignos que praticamos. Choramingamos nossas desculpas; em lágrimas, discorremos sobre nossas circunstâncias atenuantes. Não poderíamos ter agido de outro modo, dizemos a nós mesmos e a quem quiser ouvir. Talvez seja verdade. Mas nossa fraqueza consiste em pensar que isso tem importância. Um lobo não apresenta desculpas. Um lobo faz o que faz — talvez o que tenha que ser feito — e aceita as consequências.

    A ideia de que o mal é uma doença ou o resultado de um desajuste social só existe, em última instância, porque incorporamos o desamparo que cuidadosamente geramos nos outros. Já não somos, pensamos, nem mesmo dignos de uma avaliação moral. Se somos maus ou bons, isto é algo além de nós — algo que deve ser explicado em termos não morais; é algo que está além de nosso controle. Para explicar nosso status moral, para justificar nossa culpa na criação do mal, este é o exemplo acabado desta mesma criação do mal — a expressão mais clara que se pode imaginar das fraquezas que continuamente reunimos em nossas próprias almas. Pensar em moralidade como alguma coisa além de nós demonstra uma fraqueza tão palpável que apenas seres humanos podem deixar de notá-la. Já não somos fortes o bastante para viver sem desculpas. Nem mesmo para defender nossas próprias convicções.

7

O universo, dizem, iniciou-se com uma grande explosão, seguida por uma rápida expansão — de um ponto inconcebivelmente pequeno, uma singularidade, para um cosmos inconcebivelmente grande, em constante expansão. Este cosmos acabou esfriando o suficiente para que a matéria se formasse, o que resultou no conhecido dualismo do universo atual — matéria e espaço. A matéria se condensou mais, formando estrelas separadas e, mais tarde, planetas. Em alguns planetas — ao menos em um que conhecemos, mas presumivelmente em outros — a vida começou a se formar. Constituía-se, no início, de simples moléculas orgânicas que flutuavam em uma sopa de componentes ainda mais simples. Mas tais moléculas começaram a competir umas com as outras pelos átomos que havia na sopa. A crescente complexidade de uma molécula era adquirida somente com a estagnação ou o fim de outras moléculas. Desde o princípio, a vida tem sido um jogo de vida ou morte. Algumas moléculas se tornam predadoras moleculares, especialistas em detectar fraquezas nas que estão ao redor — decompondo outras moléculas e se apoderando dos átomos que as formam. O processo ocorreu durante bilhões de anos, produzindo moléculas vivas cada vez mais complexas.

Não que o universo tenha tido algum controle sobre isso: tanto quanto sabemos, as coisas apenas aconteceram dentro dele, sem nenhuma orientação ou controle. Mas, após cerca de quatro bilhões de anos, algo inesperado aconteceu: o universo se tornou capaz de fazer perguntas a si mesmo. Pequenas partes do universo se tornaram capazes de fazer perguntas sobre elas mesmas, sobre outras partes do universo e até sobre o universo como um todo. Certo dia, finalmente, no início dos anos 1990, dois dos produtos deste processo — um dos quais aficionado dessas perguntas — corriam juntos no Alabama, em uma fresca manhã do início do verão. E uma pequena parte do universo, que percorria as ruas de Tuscaloosa, desajeitado e ofegante, perguntava uma coisa a si mesmo: teria valido a pena? E fazia uma pergunta comparativa: após 4 bilhões de anos de desenvolvimento cego e irrefletido, o universo também chegara a Brenin. Qual dos dois seria mais valioso?

A bela e a fera

Eu era, presumo, o único de nós dois que poderia fazer tais perguntas. Isso me tornaria uma coisa mais valiosa para o universo? Os seres humanos sempre pensaram que sim. Segundo Martin Heidegger, filósofo alemão do século XX, a distinção — e por extensão o valor — de um ser humano consiste no fato de que um ser humano é alguém cuja existência é assunto de questionamentos — ou seja, o ser humano é uma criatura que pode formular perguntas como: "O que sou eu?" e "Eu mereci isto?". É nossa racionalidade, amplamente interpretada, que nos torna melhores que outros animais. Mas é muito difícil compreender o que significa a palavra "melhor". Eu era melhor em abrir caminho através de complexos problemas lógicos ou conceituais — pelo menos em meus melhores dias, após minha primeira infusão matinal de cafeína. Mas Brenin corria melhor. Qual destas habilidades seria mais valiosa?

O modo mais óbvio de entender a palavra "melhor" seria "mais útil". Mas, assim sendo, "melhor" seria relativo à criatura em questão. O que é útil para mim pode não ser útil para Brenin — e vice-versa. É útil para Brenin poder correr depressa e mudar de direção num átimo. Pelo menos em seu lar ancestral, é assim que poderia capturar as presas de que necessitaria para se alimentar. Mas tais habilidades, pelo menos para mim, são muito menos úteis. Cada animal traz consigo seu próprio modo de viver e as habilidades que são melhores ou mais úteis em relação a este modo de vida.

A mesma coisa é válida quando tentamos compreender a palavra "melhor" em termos de excelência. Ambicioso primata que sou, e sutilmente competitivo, sempre me esforcei, suponho, para alcançar a excelência — bem, talvez nem sempre, mas ao menos no passado recente. Excelência, a meu ver, envolve a capacidade de deslindar difíceis problemas conceituais e registrar no papel os resultados de minhas ruminações. De acordo com uma longa tradição de pensamento, fomentada por Platão, a racionalidade é a excelência caracteristicamente humana. Mas isto apenas reitera a ideia de que a excelência é também relativa ao modo de vida de cada animal. Para um guepardo, consiste na velocidade, pois foi aquilo em que ele se especializou. Para o lobo, entre outras coisas, consiste em uma resistência que lhe permite correr

30 quilômetros no encalço de uma presa. A excelência depende do que você é.

A racionalidade é melhor do que a velocidade ou a resistência: isto é o que nós, talvez irresistivelmente, somos tentados a dizer. Mas como poderíamos justificar essa alegação? Não existe nenhum sentido objetivo para "melhor" que nos autorize a fazê-la. Ao dizermos isso, a palavra "melhor" perde o sentido. Existe apenas o que é melhor para um homem e o que é melhor para um lobo. Não há um padrão comum, pelo qual os diferentes sentidos possam ser julgados.

Nós, humanos, achamos difícil entender isso, porque é difícil sermos objetivos a respeito de nós mesmos. E mesmo eu não consigo me desvencilhar totalmente da suspeita de que posso estar omitindo alguma coisa. Assim sendo, eis um exercício de objetividade. Os filósofos medievais usavam uma frase que, creio, é ao mesmo tempo linda e importante: *sub specie aeternitatis* — sob a perspectiva da eternidade. Sob a perspectiva da eternidade, você se vê como uma minúscula partícula entre outras, na escuridão vasta e estrelada do universo. Sob a perspectiva da humanidade, nós, seres humanos, somos apenas uma espécie entre outras — uma espécie que não tem uma longa história e que já está dando sinais de que não vai durar muito mais. Por que a perspectiva da eternidade deveria se importar com minha capacidade para deslindar complexos problemas conceituais? Por que a perspectiva da eternidade deveria se importar mais com isso do que com a capacidade de Brenin para deslizar pelo chão, como se estivesse suspenso acima dele? A ideia de que a eternidade dá importância maior à minha capacidade é um conceito mesquinho.

Se não podemos julgar os outros animais — se não há nenhum conteúdo coerente na ideia de que somos objetivamente melhores do que eles —, então podemos admirá-los. E nossa admiração será guiada pela percepção, embora turva, de que eles têm algo que não temos. Muitas vezes, se não sempre, o que mais admiramos nos outros é o que achamos que nos falta. O que, então, estaria faltando àquele primata, que o levava a admirar tanto o lobo que corria ao seu lado?

Havia, é claro, uma forma de beleza com a qual não me seria possível competir. O lobo é a arte em sua forma mais elevada; não podemos estar em sua presença sem nos sentirmos elevados. Mesmo que eu estivesse de mau humor, quando começávamos nossa corrida diária, presenciar aquela beleza silenciosa e deslizante sempre fazia com que me sentisse melhor. Mais importante: é difícil estarmos próximos a tal beleza sem desejarmos nos parecer com ela.

Mas se a arte do lobo era algo que eu não poderia emular, subjacente a ela havia outra coisa: uma força — da qual eu poderia, pelo menos, tentar me aproximar. O primata que sou é uma criatura desajeitada e sem graça, que lida com fraquezas; a fraqueza que gera nos outros e a que, em última instância, o contamina. É esta fraqueza que permite ao mal — o mal moral — ter uma base de operações no mundo. A arte do lobo está alicerçada na força dele.

Quando Brenin tinha cerca de dois meses, eu o levei a um treino de rúgbi, como sempre. Isto foi durante a época em que ele gostava de atormentar Rugger, e Rugger não gostava nada dele. Finalmente, Rugger perdeu a calma, agarrou Brenin pelo pescoço e o prendeu no chão. Diga-se, em favor de Rugger, que foi tudo o que ele fez. Ele poderia ter partido como um graveto o pequeno pescoço de Brenin. Até mesmo um pit bull pode passar no teste de Kundera. Mas é da reação de Brenin que sempre vou me lembrar. A maioria dos filhotes teria ganido de choque e medo. Brenin rosnou. Não foi o rosnado de um filhote, mas um rosnado calmo e profundo que não condizia com sua tenra idade. Isto é força. Tenho tentado alcançar essa força, e sempre tentarei. Acho que vai ser muito difícil, primata que sou. Mas tenho uma obrigação — obrigação moral — de emular essa força, tanto quanto possível. Se conseguir ser forte como um filhote de lobo aos dois meses de idade, já serei um solo em que o mal moral não crescerá.

Um primata teria fugido correndo, para planejar sua vingança nas sombras; para elaborar meios de fragilizar os que são mais fortes que ele, e que o humilharam. Quando esse trabalho estiver completo, o mal pode ser feito. Eu sou primata por acidente de nascimento. Mas, em meus melhores momentos, sou um filhote de lobo rosnando desafiadoramente para um pit bull que me atirou no chão. Meu rosnado é um reconhecimento de que a dor virá, pois é parte da natureza da vida. É o reconhecimento de que não sou mais que um filhote e que, a qualquer momento, o pit bull da vida pode partir meu pescoço como um graveto. Mas é também a resolução de que não vou recuar, aconteça o que acontecer.

Tive um colega que era religioso, um caso pouco comum entre os filósofos. Ele costumava dizer aos seus alunos: quando a merda atinge o ventilador, você passa a acreditar. Talvez seja mesmo o que acontece. Quando a merda atinge o ventilador, as pessoas procuram Deus. Quando a merda atinge o ventilador, eu me lembro de um pequeno filhote de lobo.

5

O trapaceiro

1

Conta-se a história de um lobo que vivia em Gubbio, na Itália, e de seu encontro com São Francisco de Assis. O lobo vinha aterrorizando os aldeões e estes pediram a São Francisco que conversasse com ele, para persuadi-lo a desistir. Certo dia, o lobo e o santo se encontraram fora dos muros da cidade e chegaram a um acordo — um contrato devidamente registrado pelo tabelião local. O lobo concordou em parar de aterrorizar os aldeões e de atacar o gado. Os habitantes de Gubbio, por sua vez, prometeram alimentá-lo e permitir que circulasse à vontade pela cidade. Acho a história divertida, porque — de forma totalmente independente — cheguei a um acordo muito parecido com Brenin. A versão do contrato que firmei com Brenin, especificamente, foi mais ou menos assim:

> *Está bem, Brenin. Vou levar você a todos os lugares a que eu for: às minhas aulas, ao treino de rúgbi após as aulas e aos jogos dos finais de semana, quer sejam em casa ou fora. Se eu for às compras, você pode ir também, mas vai ter que ficar no carro (serei rápido!). E não, não vou deixá-lo no carro nas horas quentes do dia, portanto é uma sorte que haja um supermercado aberto 24 horas por dia bem perto de casa. Prometo que você vai fazer uma caminhada longa*

e interessante todos os dias; se eu for correr, você pode vir também. Você vai fazer uma refeição nutritiva todos os dias. E à noite, quando você for dormir, vai estar convenientemente exausto por mais um maravilhoso dia de diversões e novidades. E há mais uma coisa. Você ainda não sabe, mas isso vai se tornar dolorosamente aparente à medida que os anos passarem: cada casa que eu vier a comprar vai me custar ao menos 50 mil dólares a mais do que em circunstâncias normais, só para que você possa correr em um quintal de tamanho decente. Você, por outro lado, não vai destruir a casa. Na verdade, é tudo o que lhe peço. Às vezes, compreendo, você poderá não resistir à tentação de um prato de Hungry Man, que eu tenha imprudentemente deixado ao seu alcance. Essas coisas acontecem. Não vou lhe pregar um sermão, nem fazer com que você se sinta triste por causa dessas coisas. A única coisa que lhe peço, de verdade, é que deixe a casa em paz. Isso significa que você não destruirá seu conteúdo. Embora eu compreenda que você é um jovem lobo, e que acidentes podem às vezes ocorrer, sobretudo à noite, por favor, tente não fazer pipi nos tapetes.

Se você colocar minha casa no lugar da cidade de Gubbio e me colocar no lugar de São Francisco, as histórias são praticamente idênticas. Mas, ao contrário de São Francisco, eu quebrei o contrato — e mesmo agora, uma década mais tarde, isso ainda me incomoda.

O Alabama era, essencialmente, uma festa constante. De diversas maneiras, tive sorte em minha vida. Uma delas foi ter oportunidade de viver por duas vezes, em todos os aspectos importantes, a vida de estudante (ou seja, festas, bebida e esportes de várias modalidades). Foi muito mais divertido da segunda vez — talvez porque, desta vez, eu tinha dinheiro. Ou talvez porque, assim como a juventude é desperdiçada com jovens, a vida de estudante seja desperdiçada com estudantes. Quem sabe?

Mas nossos dias despreocupados sofreram uma mudança irrevogável quando Brenin estava com 4 anos e eu, com 30. Verdade seja dita, já estávamos ambos um tanto velhos para aquele tipo de vida. Eu tinha 24 anos quando aceitei o emprego no Alabama. Viver a vida de estudante quando se está com 24 é uma coisa boa. Mas depois de um tempo as festas dos torneios de rúgbi começam a se tornar um tanto tristes; e, no momento seguinte, algo assustadoras. Mas o motivo imediato de nossa mudança não foi minha idade, e sim a idade do meu pai. Ele tinha uma crise de pneumonia atrás da outra. Cada vez mais, comecei a suspeitar que ele iria morrer — e pensei que deveria estar mais perto de casa. É claro que o velho danado se recuperou plenamente. E ainda está vivo no presente momento. Mas meus dias de festas e belas fãs, após os jogos de rúgbi, já fazem parte do passado.

Mas foi a melhor coisa que fiz — mesmo que, na época, não me parecesse assim. Eu tinha um compromisso ainda não cumprido com a filosofia. O resultado da vida que eu levava no Alabama — dissoluta, mas extremamente agradável — foi que deixei de escrever e publicar. Tornou-se claro que eu não era disciplinado o bastante para ignorar as óbvias tentações do ambiente em que estava; portanto, teria que mudar de vida. Decidi então que, após cruzar o Atlântico, iria morar em um lugar realmente calmo. Algum lugar no campo, para Brenin. Acima de tudo, eu precisava de um espaço onde não houvesse absolutamente, de forma nenhuma, outra coisa para fazer além de escrever. Assim, nos mudamos para a Irlanda, onde arranjei emprego como professor na University College Cork. Ah, sim, outro fator que teve certo peso em minha decisão: foi a única instituição desesperada o bastante para me oferecer emprego. É o que acontece quando se passa os últimos sete anos em uma farra.

O problema foi que Brenin teve que permanecer seis meses por conta do governo irlandês, no centro de detenção de Lissadell, em Swords, ao norte de Dublin. Naquela época, ainda não havia passaportes para animais. Brenin teve que ficar de quarentena durante seis meses — um sistema indescritivelmente estúpido e perverso. Foi concebido antes da invenção da vacina antirrábica. A Grã-Bretanha e a Irlanda demoraram quase um século para adotar esse desenvolvimento "recente" da medicina. Brenin recebia vacinas antirrábicas desde que era filhote, e era possível verificar que os anticorpos estavam presentes em seu sangue. Entretanto, assim como milhares de outros cães em situação similar, ele foi obrigado a cumprir sua pena.

Não sei quanto a Brenin, mas foi a coisa mais difícil que já tive de fazer. Naqueles seis meses, passei muitas noites chorando, até conseguir dormir. Ainda não sei se fiz a coisa certa: seis meses é um tempo bastante longo na vida de um lobo. Mas Brenin tinha uma coisa que o distinguia dos cães comuns — era um animal muito equilibrado. Sempre fora — desde filhote. Nada realmente o perturbava. Você já viu isso quando narrei seus encontros com Rugger, o pit bull. Achava que ele seria capaz de cumprir sua pena sem nenhuma dificuldade. Ele realmente fez isso com circunspecção, sem nenhuma das óbvias dificuldades psicológicas que afetam muitos cães, quando colocados em quarentena.

Na verdade, o regime em Lissadell era brando. Majella, a diretora, adorava Brenin: compreensivelmente, já que ele era, de longe, o "cachorro" mais bonito que já honrou a Irlanda com sua presença. Na época, eu o fazia passar por malamute — foi o que coloquei no formulário de importação —, pois o status dos lobos, na Irlanda, é dúbio. Os malamutes eram então desconhecidos na Irlanda, e nem os veterinários sabiam ao certo que aparência deveriam ter. Por conta da impressionante beleza e modos corteses de Brenin, Majella lhe concedeu diversos privilégios. O mais importante deles foi o pleno usufruto do local durante a maior parte da manhã. Usava este tempo, ao que parece, para firmar sua autoridade sobre os outros internos, sobretudo urinando na porta de seus cubículos. Eu costumava ir até lá uma vez por semana — o que envolvia, naqueles tempos, uma viagem de dez horas pelas péssimas estradas irlandesas. Então, andávamos juntos pelo complexo, durante algumas horas. Os privilégios de Brenin acabaram sendo reduzidos depois que ele efetuou uma busca furtiva, mas imprudente, na sacola de compras de Majella, devorando rapidamente a galinha congelada que havia lá dentro. Mas, de qualquer forma, ele já estava para sair.

Quando saiu, fiz o melhor que pude para recompensá-lo, o que significava longas corridas todos os dias. Depois que ele foi liberado — o que ocorreu em junho — passamos o verão no oeste de Gales, na casa de meus pais. Na verdade, perto da casa deles. Tínhamos que viver no *trailer* que ficava nos fundos do quintal, pois Brenin tomou uma antipatia imediata por Bonnie e Blue, os dogues alemães de meus pais. De fato, em um espaço de poucas horas depois de nossa chegada, ele tentou matar Blue em diversas ocasiões. Passávamos os dias correndo nas magníficas praias (ou próximo a elas) de Freshwater West, Broadhaven South e Barafundle, a favorita de Brenin. Havia zilhões de coelhos nas dunas atrás de Barafundle. Foi nelas que Brenin começou a aprender uma coisa que, por causa das cobras, eu não lhe permitia fazer no Alabama: caçar.

No final do verão, nos mudamos para a Irlanda. Durante nosso primeiro ano lá, vivemos em Bishopstown, um subúrbio nos limites ocidentais da cidade de Cork. Tentei tornar a vida de Brenin, tanto quanto possível, semelhante à que tinha no Alabama. Assim, corríamos todos os dias — geralmente até o parque Lee Valley, e os campos adjacentes. Ou íamos até o parque Powdermills, em Ballincollig. Nos finais de semana, visitávamos diversos lugares: a praia de Inchydoney, o bosque de Glengarra — perto de Mitchelstown, na estrada para Dublin —, o passeio próximo às escarpas de Ballycotton e muitos outros. Comecei a surfar nesta época. Umas duas vezes por semana, quando as ondas permitiam, íamos até a praia de Garrettstown, varrida pelos ventos, onde Brenin chapinhava na água, enquanto eu tentava ficar de pé na prancha. A quarentena pode ter sido dura, mas estávamos em um lugar muito melhor para Brenin que o Alabama e — graças a São Patrício[*] — não tínhamos que nos preocupar com cobras.

2

O fato de que alguma coisa é inevitável não a torna necessariamente menos desagradável. Eu sabia que teria de atravessar o Atlântico. Sabia que Brenin teria que ficar de quarentena. Sabia que ele teria uma vida melhor na Irlanda, onde viveria em um clima e em terrenos mais adequados a ele. Mas, até hoje, não consegui me livrar do horror daquele dia em dezembro, quando fui com ele até Atlanta, para colocá-lo em um avião. Ainda tenho pesadelos recorrentes com isso, e acordo sob o impacto de dois golpes. Primeiro, sinto-me triste porque, no meu sonho, estou traindo Brenin. Então me lembro de que ele está morto. A história de São Francisco e do lobo de Gubbio é uma história feliz acerca de um contrato com um lobo. É uma história feliz porque o contrato

---

[*] Na Irlanda não existem cobras. Diz a lenda que foram expulsas por São Patrício, o santo padroeiro do país. (*N. do T.*)

foi mantido. Mas existe uma história muito mais sombria acerca de um lobo e um contrato, uma história sobre as consequências horríveis de se quebrar um contrato.

Fenrisulfr era um lobo gigantesco da mitologia nórdica. Foi criado em circunstâncias infelizes: seu irmão, Jörmung-andr — a serpente Midgard —, foi atirado ao mar por Odin, sem nenhuma boa razão, pelo menos alguma que se sustentasse em um tribunal. Sua irmã, Hel, foi banida para a região dos mortos, com base, exclusivamente, na palavra de uma anciã de sanidade duvidosa porém de má-fé comprovada. Portanto, a primeira lição que devemos aprender sobre os deuses é, ao que se presume, uma coisa simples: não se pode confiar neles. De fato, Fenrisulfr nunca proporcionou aos deuses nenhuma razão específica para que não confiassem nele. Pelo contrário, tendo em mente que ele era um lobo gigantesco, cujo propalado destino era engolir o sol — no dia de Ragnarok, o fim do mundo —, sua vida até então fora de um comedimento notável. Mas, à medida que foi crescendo, os deuses começaram a temê-lo. A solução que encontraram — tipicamente desprovida de imaginação — foi prendê-lo em uma corrente e abandoná-lo. Primeiro, manufaturaram uma corrente chamada Loedingr. Mas esta não conseguiu segurá-lo por muito tempo. Então, fabricaram a Dromi, outra corrente de ferro, duas vezes mais resistente que a Loedingr. Ele arrebentou esta corrente também. Assim sendo, mandaram seus anões confeccionar outra corrente. Esta foi feita com o som do passo de um gato, a barba de uma mulher, as raízes de uma montanha, o espírito de um urso, o hálito de um peixe e a saliva de um pássaro.

Aqui está a segunda lição que devemos aprender sobre os deuses — uma lição que, de forma razoavelmente direta, explica a primeira. Não que sejam particularmente estúpidos, embora alguns deles, vamos admitir, não sejam muito brilhantes. Nem são necessariamente perversos e malignos, embora muitos sejam. Em vez disso, caracterizam-se por certa incapacidade para entender as mentes dos outros. Os deuses não dispõem de nenhuma teoria a respeito da mente; mas têm uma incapacidade visceral para se colocar no lugar dos outros. Não possuem empatia. Falando sem rodeios, a melhor definição para os deuses é que são todos sociopatas.

O trapaceiro

Pensariam, de fato, que Fenrisulfr iria cair na armadilha? Ele não dera nenhuma indicação de que fosse um lobo pouco inteligente. Mas eles o puseram à prova com as correntes de ferro mais pesadas e grossas jamais forjadas. Não funcionaram. Então o presenteiam com algo que lembra uma fita de seda. Acham que ele não vai perceber que há alguma coisa estranha? Fenrisulfr pediu que esclarecessem aquilo. Não, não, eles lhe asseguraram. Não há nenhum truque. Juro pela vida da minha mãe, disse Odin, segundo contam, talvez pensando que estava fazendo uma piada sutil (o que simplesmente reforçaria o vasto repertório de indícios textuais que sugerem que a sutileza jamais foi o forte de Odin).

Nesse ponto, a versão oficial dos acontecimentos é a seguinte: Tyr, o mais corajoso dos deuses, se ofereceu para colocar a mão dentro da boca de Fenrisulf, como gesto de boa-fé, em uma atitude nobre, sacrificando seu membro por um bem maior. Mas a mitologia, claro, é escrita pelos vencedores. Talvez eu tenha passado tempo demais com um lobo, mas essa versão oficial da história nunca me soou verdadeira. Na verdade, penso que possui todas as indicações de que foi uma versão posteriormente inventada e teimosamente defendida por Tyr. É impossível que ninguém desconfie que Tyr não fosse o mais corajoso, porém o mais degenerado, cruel e perverso dos deuses. E considerando o interesse, bastante conhecido mas mal explicado, que teve na criação de Fenrisulfr, é possível que este tenha passado a infância sofrendo de várias formas nas mãos de Tyr. Assim sendo, Tyr teria encabeçado a lista de Fenrisulfr de coisas para morder. Desconfio também de que Tyr não se ofereceu para colocar a mão na boca do lobo gigante. Odin deve ter ordenado que o fizesse — sob pena de sofrimentos enormes e prolongados, caso se recusasse. Neste caso, é fácil imaginar o rosto de Tyr quando conseguiu reunir coragem para cumprir a ordem de Odin, ou melhor, conseguiu reunir forças para não resistir aos outros deuses, que empurravam sua mão para dentro da boca de Fenrisulfr. Fenrisulfr dá uma piscadela para Tyr — e o mais corajoso dos deuses, quase com certeza, borra as calças.

É possível que a mão de Tyr valesse a pena. É possível que Fenrisulfr estivesse disposto a entrar no jogo dos deuses. Ainda não chegara sua hora, e não chegaria por muitos anos. Quando esta chegou, no dia de Ragnarok, diz a lenda que ele estava tão grande que seu maxilar superior tocava o céu, e o inferior tocava a terra. Mas isso ainda demoraria um pouco. E ele era um lobo muito equilibrado. Poderia cumprir sua pena com facilidade. De fato, passou o tempo amarrado a uma pedra chamada "grito", na ilha de Lyngvi. É claro que Tyr quis vingança. Assim, não satisfeito em acorrentar Fenrisulfr até o final dos tempos, coroou sua obra enfiando uma espada na boca do lobo. Isso fez com que saliva escorresse, formando um rio. O rio chamou-se "esperança". E a corrente que prendeu Fenrisulfr até dia do Ragnarok recebeu o nome de Gleipnir: a trapaceira.

O trágico desta história, claro, é que ninguém realmente sabe como Fenrisulfr se comportaria caso não tivesse sido tratado dessa maneira pavorosa. No dia do Ragnarok, como se sabe, ele ficou do lado dos gigantes contra os deuses, estripando Odin por vingança. Mas quem sabe de que lado ele ficaria se os deuses não tivessem descumprido o contrato que tinham feito com ele? Depois de quebrarem o contrato, que direito tinham de esperar o apoio de Fenrisulfr?

O horror daquela viagem a Atlanta não estava na certeza de que sentiria tanto a falta de Brenin. Estava no fato de que eu não sabia que lado ele iria tomar quando saísse do avião. Ficaria do lado dos deuses ou dos gigantes? E que direito teriam os deuses — se eu puder me colocar no lugar deles, modestamente e, asseguro, com ironia — de esperar seu apoio depois da traição?

Em algumas versões do mito, os deuses entendem a inevitabilidade de suas ações. Ao amarrar Fenrisulfr, sabem que não têm escolha. Sabem que serão derrotados em Ragnarok — a era dos deuses terminará e será substituída pela era dos gigantes. Sabem que essa derrota exige a prisão de Fenrisulfr, que resultará no apoio do lobo aos gigantes. Sabem que fazem o que tem de ser feito. Mas saber que o que você faz é necessário não o alivia do peso esmagador de realmente fazê-lo.

Dizer adeus a Brenin naquele dia, em Atlanta, partiu meu coração, pois eu não sabia se ele — Brenin, meu Buffalo Boy — ainda estaria lá quando o visse novamente; ou se teria sido substituído por outro lobo, vivendo dentro de sua pele.

3

Em retrospecto, presumo que para um filósofo seja natural — e talvez desanimadoramente previsível — pensar na formação de nossa pequena associação de homem e lobo em termos contratuais. A noção de contrato social tem desempenhado um papel proeminente na história do pensamento ocidental. Seu principal precursor foi um filósofo do século XVII, Thomas Hobbes.

Para Hobbes, a natureza era desagradável e sanguinária. Os seres humanos, em certa época, viviam em estado natural, o que basicamente significava que viviam guerreando uns contra os outros. Ninguém estava seguro; ninguém merecia confiança. Amizade e cooperação não eram possíveis. Vivíamos como animais, ou como Hobbes pensava que os animais viviam; portanto, nossas vidas eram, de modo geral, "solitárias, pobres, sórdidas, abrutalhadas e curtas".

Assim, afirmava Hobbes, firmamos um contrato, um acordo. O acordo, em seus pontos fundamentais, era o seguinte: você concorda em respeitar a vida, a liberdade e a propriedade das outras pessoas, contanto que as outras pessoas concordem em respeitar sua vida, liberdade e propriedade. Assim sendo, você concorda em não matar outras pessoas e elas concordam em não matar você. Você concorda em não transformar as outras pessoas em escravos e elas concordam em não transformar você em escravo. Você concorda em não roubar as casas e haveres das outras pessoas e elas concordam em não roubar sua casa e seus haveres. A sociedade está fundada no princípio de que "uma mão lava a outra". Ou, no mínimo: "Você evita enfiar uma faca nas minhas costas e eu evito enfiar uma faca nas suas costas."

Hobbes falava a respeito da transformação da selvageria — tal como ele a compreendia — em civilização. O contrato é o que possibilita esta transformação. Se você aceita o contrato, aceita determinadas limitações em sua liberdade. E o faz porque sua vida se torna melhor, em decorrência disso. Esse é o propósito e a justificativa da sociedade; é o propósito e a justificativa da moral.

Infelizmente, a história contada por Hobbes a respeito de como nos elevamos acima da natureza bruta e sanguinária, tornando-nos civilizados, tem buracos que um Brenin já desenvolvido, com seus 75 quilos, poderia atravessar confortavelmente. Antes do contrato, conforme a história de Hobbes, éramos selvagens: éramos parte da natureza sanguinária e nossas vidas eram solitárias, pobres etc. Depois do contrato, nos tornamos civilizados e nossas vidas, por conseguinte, melhoraram muito.

Uma pergunta que aparentemente nunca ocorreu a Hobbes foi: como os que eram de fato sanguinários foram trazidos à mesa de negociações? E o mais importante: o que seria mais provável de acontecer quando chegassem lá? Se antes do contrato éramos todos sórdidos e abrutalhados, como alega Hobbes, será que não veríamos a reunião necessária para estabelecer o contrato como excelente oportunidade para massacrar um ou dois rivais, ou ao menos firmar nossa autoridade sobre os competidores? A reunião seria um desastre, um banho de sangue. Muitas vidas se tornariam mais pobres, mais solitárias, mais sórdidas, mais abrutalhadas e, sem a menor dúvida, mais curtas. Esse é o problema: contratos só são possíveis entre pessoas civilizadas. Portanto, não deve ter sido mediante um contrato que nos tornamos civilizados.

Apesar da verdade óbvia de que a civilização humana jamais poderia ter sido assentada sobre um contrato, alguns filósofos alegam que é útil pensar na civilização como se tivesse sido criada deste modo. A ideia é a de que podemos vislumbrar como seria uma sociedade justa — uma civilização justa — imaginando que as pessoas escolheram viver segundo as regras de um contrato, e depois imaginando como seriam essas regras. Eu também costumava pensar assim, porém não mais. A importância do contrato, penso agora, está no que revela a nosso respeito — uma faceta pouco lisonjeira da natureza humana, novamente.

Às vezes, o importante não é o que uma teoria descreve, mas o que revela. Qualquer teoria será sempre baseada em certas premissas. Algumas podem ser explícitas — o autor da teoria tem consciência delas e as declara. Mas existem sempre algumas premissas que não são explicitadas. Podem nunca sê-lo. O trabalho do filósofo é então, essencialmente, um trabalho arqueológico. Em vez de escavar o solo, escava profundamente a teoria, descobrindo, na medida de seu talento e perseverança, as premissas ocultas em que foi baseada. Isto é o que a teoria revela, às vezes muito mais importante que o que ela diz.

O que revela a teoria do contrato social? Supõe-se que seja uma história sobre a civilização e sua legitimidade da moral. A pergunta é: do que trata realmente? A resposta é: de duas coisas. Uma delas é mais óbvia que a outra. Mas nenhuma das duas é lisonjeira.

4

A primeira coisa que a teoria do contrato social revela é a peculiar obsessão humana — ou melhor, símia — com o poder. A teoria tem uma claríssima implicação: você não tem nenhuma obrigação moral com quem é mais fraco do que você. Você firma um contrato com outras pessoas por uma destas razões: porque elas podem ajudá-lo ou porque podem feri-lo. Precisa de ajuda? Sem problema: algumas pessoas poderão ajudá-lo se você concordar em ajudá-las, quando precisarem. Você não quer sofrer ataques, nem ser escravizado, nem ser assassinado? Sem problema: outras pessoas concordarão em deixá-lo em paz, se você concordar em deixá-las em paz. Isto significa que você só tem motivos para firmar um contrato com pessoas que podem ajudá-lo ou feri-lo. A ideia é a de que um contrato só faz sentido se houver, pelo menos, algum equilíbrio de poder entre os contratantes. Esta é a ideia com a qual concordam todos os que acreditam no contrato. A consequência é que qualquer pessoa significativamente mais fraca que você — que não possa ajudá-lo nem feri-lo — está fora do escopo do contrato.

Mas lembre-se de que o contrato deverá, supostamente, proporcionar uma justificativa para a civilização, a sociedade e a moralidade. Quem não estiver incluído no contrato estará fora do escopo da civilização. Permanece fora dos limites da moralidade. Você não tem obrigações morais com aqueles que são significativamente mais fracos do que você. Esta é a consequência da visão contratual da civilização. O propósito da moral é obter mais poder: esta é a primeira coisa que revela a teoria do contrato social — a primeira premissa na qual se baseia. Selvageria ou civilização: qual das duas é, na realidade, mais sanguinária?

Se cavarmos mais fundo, encontraremos a premissa não declarada. O contrato se baseia em um sacrifício deliberado, com vistas a um ganho futuro. Você concede alguma coisa apenas porque pretende obter algo melhor em troca. Você vende sua liberdade por proteção porque, para você, a proteção é superior à liberdade. Para fazer jus à proteção oferecida pelo contrato, para que outros defendam seus interesses, você tem que estar disposto a defender os interesses deles. Isto pode ter um preço — tempo, dinheiro, segurança, talvez até sua vida. Os sacrifícios que você faz para receber a proteção oferecida pelo contrato nem sempre são pequenos; às vezes são enormes. Você os faz porque acredita que vai obter mais coisas em troca.

Mas aqui está a brecha no contrato. Na verdade, você não precisa vender sua liberdade. Na verdade, você não precisa fazer sacrifícios. O fundamental não é que você faça os sacrifícios, mas que os outros indivíduos acreditem que você os faz. Eu vou vigiar sua retaguarda, diz você, se vocês vigiarem a minha. Mas não importa se você realmente irá vigiar a retaguarda deles. A verdade do seu sacrifício é irrelevante. No contrato, a imagem é tudo. Se você pode obter as recompensas do contrato sem fazer os sacrifícios exigidos, então você estará, claramente, em posição de vantagem sobre os pobres idiotas que de fato sacrificam seu tempo, energia, dinheiro e segurança. O contrato — por sua própria natureza — recompensa a trapaça. Essa é uma característica profunda e estrutural do contrato. Se você consegue trapacear, obtém os benefícios do contrato sem incorrer em nenhum de seus custos.

Os trapaceiros não prosperam nunca, dizemos a nós mesmos. Mas o primata dentro de nós sabe que isso não é verdade. Trapaceiros toscos e desastrados não prosperam. São descobertos e sofrem as consequências. São condenados ao ostracismo, excluídos, desprezados. Mas o que nós primatas desprezamos neles é que seus esforços são desastrados, ineptos, estúpidos. O primata em nós não despreza a trapaça, em si; pelo contrário, admira a trapaça. O contrato não recompensa a trapaça; recompensa a trapaça benfeita.

O contrato é, supostamente, o que nos torna seres humanos civilizados. Mas também fornece uma pressão constante no sentido da trapaça. O que nos tornou civilizados também nos transformou em tra-

O trapaceiro

paceiros. Mas, ao mesmo tempo, o contrato só pode funcionar se a trapaça for a exceção, não a regra. Se todos conseguissem trapacear uns aos outros, qualquer possibilidade de ordem ou coesão social desmoronaria. Assim, o contrato nos transformou também em detectores de trapaças. O estímulo para nos tornarmos trapaceiros cada vez mais hábeis é acompanhado pela capacidade de nos tornarmos detectores de trapaças cada vez mais habilidosos. A civilização humana e, em última instância, a inteligência humana são produtos de uma corrida armamentista — e as primeiras armas são as mentiras. Se você é civilizado e não é mentiroso, então, provavelmente, você não é um bom mentiroso.

O que isso diz a nosso respeito? Que tipo de animal pensaria em seu patrimônio mais valorizado, a moral, como algo baseado em um contrato? Que tipo de animal poderia conceber como seria uma sociedade justa pensando nela em termos de um contrato hipotético firmado por seus membros? Para um lobo, mas não para um primata, aparentemente, a resposta seria óbvia: um trapaceiro.

5

Certa vez, escrevi um livro sobre o contrato social. A inspiração me foi fornecida por Brenin, fazendo o que sabia fazer melhor. Em nosso primeiro Natal na Irlanda, retornamos ao País de Gales para visitar meus pais. Brenin gostava de ir a Gales, apesar de suas profundas diferenças de opinão com Bonnie e Blue. Minha mãe o mimava de um modo que eu não fazia; foi lá que ele descobriu as delícias do queijo. O queijo, descobri, era de longe seu alimento favorito, eclipsando facilmente a carne que eu comprava para ele. Quando minha mãe cozinhava alguma coisa que levava queijo, era impossível tirar Brenin da cozinha. Ele ficava sentado lá, emitindo um som difícil de se descrever, pois nenhum cão o faz. Era uma sequência curta e áspera de alguma coisa entre um latido e um uivo. Lobos não latem — um latido é um comportamento infantil, que basicamente significa: "Venha me ajudar. Está acontecendo alguma coisa que não sei bem o que é." Brenin não latia, embora uivasse de vez em quando. Mas quando ficava excitado — e queijo sempre o deixava excitado —, produzia uma série compassada de "huuu, huuu, huuu, huuu, huuu...". Isto era acompanhado por um salto ocasional e por algo que eu jamais o vira fazer antes, e que nunca imaginei que faria: sentava-se e pedia. Minha mãe acabava lhe atirando um pedaço de queijo e o processo todo recomeçava. Isso o entretinha durante horas, quando a refeição demorava a ser preparada. Até que, por fim, a preparação de refeições começou a se tornar secundária. A simples presença de minha mãe nas proximidades da geladeira bastava para estimulá-lo.

Naquele Natal, viajamos de barca, de Rosslare a Pembroke, pela Irish Ferries. Uma viagem de cerca de quatro horas. Eu deixara Brenin no carro, já que a outra opção seriam as jaulas no convés dos carros — ele não recebeu permissão para viajar comigo no convés superior. Era uma coisa que eu já fizera várias vezes, sem nenhum resultado adverso. Geralmente, eu o levava para uma longa caminhada na praia de Rosslare, antes de embarcarmos, para cansá-lo um pouco. Naquela ocasião, no entanto, cerca de dez minutos antes de atracarmos em Pembroke, quando já estávamos subindo o canal de Milford Haven, tirei os olhos do livro e lá estava Brenin, trotando alegremente no salão de passageiros do convés superior, mais ou menos na direção do restaurante. Diversos funcionários da Irish Ferries seguiam em seu encalço, fingindo que tentavam capturá-lo, mas, na realidade, mantendo uma distância segura. Eu gritei seu nome e, como no famoso incidente da refeição Hungry Man, cinco anos antes, ele se imobilizou no meio da passada e olhou na minha direção, com aquela expressão do Coiote no rosto — indicando que sabia que fora apanhado em flagrante.

Eu tinha deixado a janela do carro um pouco aberta, para que Brenin pudesse respirar. Em algum ponto, durante a travessia, ele a forçara para baixo e pulara para fora. O convés dos carros, ao que se supunha, ficava trancado, mas acho que devem tê-lo aberto enquanto subíamos o canal, o que permitiu a Brenin fugir. Ele subiu quatro lances de escadas, até o salão de passageiros, talvez procurando por mim; ou, o que é mais provável, seguindo o cheiro da comida. Tenho medo de pensar no que ele poderia ter feito se conseguisse chegar ao restaurante. Eu me lembro muito bem do que acontecia nas aulas quando um aluno estava com alimentos em uma mochila que não fechara muito bem. Podia imaginar pessoas correndo para fora do restaurante, gritando, enquanto Brenin, com as patas sobre a mesa, devorava alegremente a comida abandonada, começando pelos pratos à base de queijo, é claro.

Na viagem de volta, após o Natal, decidi prevenir qualquer possibilidade de massacre no restaurante, assegurando-me de que as janelas do carro, daquela vez, ficassem abertas só um pouquinho. Isto se revelou um grave erro de julgamento, de minha parte. Brenin despedaçou o carro, literalmente. Quando terminou — eu fui alertado sobre o que estava acontecendo —, não restava mais nada lá dentro que pudesse ser reconhecido como parte de um carro. Os assentos estavam reduzidos a pedaços, todos os cintos de segurança haviam sido mastigados e ele rasgara o revestimento do teto, expondo o forro, o que tornava quase impossível que se enxergasse o lado de fora. Além disso, tinha rasgado uma grande sacola de ração, espalhando seu conteúdo por todos os cantos e frestas.

Fui chamado até o carro por funcionários da barca, desesperadamente divertidos, e olhei incrédulo para o interior do carro — ou para o que restava dele — durante alguns minutos. Notei que o encarregado do convés de carros carregava uma faca e perguntei se poderia usá-la. Precisava cortar os trapos que pendiam do teto do carro, se quisesse ter alguma esperança de enxergar o caminho na viagem de volta. O encarregado pareceu estranhamente relutante em se separar de sua faca; acabou revelando que pensava que eu fosse matar Brenin. Como se isso fosse possível! Expliquei — parece que choques acionam meu lado didático — que, embora eu não estivesse particularmente encantado com o rumo dos acontecimentos, não poderia responsabilizar Brenin. Ele não era uma criatura que pudesse ser responsabilizada moralmente, disse eu ao cara do convés dos carros, que sorria de modo afetado. Brenin era o que se conhece como um paciente moral, não um agente moral. Não entendia o que estava fazendo e, portanto, não entendia que aquilo era errado. Só queria sair do carro. Brenin, como outros animais, é o tipo de criatura que tem direitos — a certo tipo de vida e certa forma de tratamento —, mas não possui as responsabilidades concomitantes. Depois disso, fiz a única coisa que um filósofo digno do nome poderia fazer em tais circunstâncias: fui para casa e escrevi um livro a respeito do assunto.

A ideia básica era encontrar um modo de incluir os animais no contrato social, tornando o contrato mais justo. Imagine que você está em um grupo que pediu uma pizza. Como pode ter certeza de que todos irão obter uma fatia do mesmo tamanho? Um método fácil: uma pessoa corta as fatias, mas esta pessoa será a última a pegar um pedaço. Não sabendo qual fatia lhe caberá, não poderá manipular as coisas em seu favor. Não lhe resta outra opção senão fatiar a pizza honestamente. Agora imagine que a pizza é a sociedade. Como garantir que a sociedade em que você vive seja uma sociedade justa? Tal como asseguramos que a pizza fosse fatiada de forma justa, fazendo com que o fatiador não soubesse com qual fatia ficaria, poderíamos garantir uma sociedade justa permitindo que uma pessoa determinasse como esta seria organizada, mas impedindo que soubesse qual posição ocuparia na sociedade resultante. Esse artifício criativo foi originalmente desenvolvido por John Rawls, falecido filósofo de Harvard. Ele o chamou de "posição original".

Rawls utiliza a posição original como um meio de tornar o contrato mais justo: para Rawls, a justiça social se reduz à equidade. Meu raciocínio era de que Rawls negligenciou uma fonte de injustiça em seu desenvolvimento da posição original. Rawls insiste em que se exclua o conhecimento de quem você é e o que você preza, quando escolher como a sociedade será organizada. Você não sabe se é macho ou fêmea, negro ou branco, rico ou pobre, inteligente ou burro, e assim por diante. Você também não sabe se é religioso ou ateu, egoísta ou altruísta etc. Mas ele permite que você saiba o que é e o que pode fazer — você sabe que é humano e que é racional. Minha argumentação era que, se você quiser fazer um contrato verdadeiramente justo, você também terá de excluir esse tipo de conhecimento. E mais, eu argumentava que Rawls estava implicitamente comprometido a excluir esse tipo de conhecimento, embora ele pensasse que não. O resultado foi o desenvolvimento de uma forma de contratualismo rawlsiano que Rawls teria detestado. No entanto, os benefícios envolviam não apenas a inclusão de animais no contrato, mas também os tipos de seres humanos que suas versões anteriores excluíam: crianças, adultos senis, os loucos etc. Em resumo: os fracos.

6

O livro resultante foi *Animal Rights: A Philosophical Defence* (Os direitos dos animais: Uma defesa filosófica). Se você encontrar a primeira edição, verá Brenin na capa. Embora não fosse meu primeiro livro, foi o que recolocou minha carreira no bom caminho, após a farra de sete anos no Alabama. E o único preço que paguei por ele foi um carro sem valor e o resto da vida sem carne.

Esta foi a desagradável consequência do apetite de Brenin por destruição, naquele dia. É claro que a lição não teria servido de nada se eu já não estivesse pensando sobre a moral, vista à luz de um contrato social. Na verdade, já estava dando aulas sobre o assunto, na época, em um curso de pós-graduação. Mas esta desafortunada confluência de acontecimentos me acarretou um triste futuro vegetariano. Estando na posição original — em minha nova e mais justa versão da posição original —, eu não iria aceitar um mundo em que animais são criados para produzir carne. Onde vivem uma vida miserável e têm mortes horríveis. E como o conhecimento das espécies tem de ser excluído atrás do véu da ignorância, colocando-me na posição original, eu poderia ser um desses animais. Se você estiver na posição original, seria irracional escolher um mundo assim. Portanto, um mundo assim é imoral. Foi uma conclusão desventurada, sob o meu ponto de vista, já que sinto falta de bifes suculentos e frangos fritos. Mas a moral, por vezes, tende a ser inconveniente.

Durante algum tempo, fui um vegetariano rígido e, moralmente falando, ainda deveria ser: é a única posição consistente no que se refere aos animais. Mas embora eu não seja uma pessoa tão ruim quanto poderia ser, também não sou tão bom quanto deveria ser. Procurei me vingar de Brenin tentando torná-lo vegetariano também; mas ele não quis saber disso. Ele se recusou, ponto final, a comer a ração vegetariana que eu lhe oferecia — e quem poderia censurá-lo? Se eu tivesse misturado o alimento a uma lata de Pedigree, as coisas seriam diferentes. Mas isto, é claro, teria desvirtuado o objetivo da tentativa. No final, chegamos a um acordo: eu me tornei vegetariano; ele se tornou piscívoro. À ração vegetariana, eu acrescentava uma lata de atum — atum sem mistura com carne de golfinhos, obviamente, nem com atum-de-galha, por conta dos altos níveis de mercúrio. Às vezes, eu lhe dava uns pedaços de queijo. Espero que ele não tenha sentido a falta de carne de outros tipos tanto quanto eu — que a sinto até hoje. Na verdade, desconfio que ele preferia sua nova dieta — sobretudo nos dias em que eu acrescentava queijo. Caso contrário, bem, ele deveria ter pensado nas consequências, enquanto estava comendo meu carro — e ao diabo com o que quer que eu tenha dito ao cara do convés de carros.

Impor uma dieta a Brenin foi uma atitude imoral? Algumas pessoas me disseram que sim. Mas consideremos as alternativas. Algumas xícaras de ração baseada em carne e uma lata de carne por dia significariam o abate de diversas vacas durante o resto de sua vida — mesmo considerando o fato de que as rações caninas, provavelmente, não contêm a quantidade de carne que anunciam. Brenin parecia gostar de sua nova comida, e a devorava do modo como sempre fizera. E estou certo de que uma lata de atum tem um gosto muito melhor do que uma lata de ração canina. Portanto, a nova dieta pôde ser adotada com mínimos transtornos para Brenin — se é que teve algum — e sem exigir a morte de diversas vacas. Se Brenin tivesse se recusado a comer, ou comido menos, ou perdido peso, ou ficado doente, então a história seria diferente. Mas, resumindo, a escolha era entre equilibrar alguns interesses de Brenin, relativamente triviais, com o interesse vital das vacas. E esta, em essência, é a questão moral do vegetarianismo: os interesses vitais que os animais têm em evitar vidas miseráveis e mortes horríveis superam os interesses dos seres humanos, relativamente triviais, nos prazeres do paladar. É claro que, considerando que Brenin era piscívoro, em vez de vegetariano, o novo regime era um tanto duro com os atuns. Mas estes levam uma vida muito melhor do que as vacas — ou, pelo menos, era o que eu dizia a mim mesmo.

7

O contrato, como tentei mostrar, trata realmente de duas coisas: poder e trapaça. Meu livro, como quase tudo o que foi escrito sobre o contrato, em anos recentes, é sobre como minimizar o impacto das disparidades de poder nas decisões morais. Mas isto deixa intacto o verdadeiro problema. Não se pode lidar com as coisas erradas do contrato simplesmente tornando-as mais justas. O problema real é a trapaça e o que está subjacente a ela: os cálculos. O contrato, penso agora, é um instrumento inventado por primatas para regular as interações entre primatas.

Pensar no que está certo ou errado através do prisma do contrato nos dá, em essência, a visão de uma moral concebida para desconhecidos — o propósito da moral é regular as interações entre pessoas que mal se conhecem e que não gostam especialmente umas das outras. Se pensarmos na moral deste modo, chegaremos à ideia de que a justiça — equidade — é a virtude moral primária: a "primeira virtude", como diz Rawls, das instituições sociais. Moralmente falando, como desconhecidos devem agir entre si senão com equidade?

Entretanto, além de uma moralidade destinada a quem não conhecemos, existe aquela dirigida a quem faz parte da matilha. Hobbes pensava na natureza como uma coisa sanguinária. Quando penso na natureza, me lembro de Brenin com seis semanas de idade, no dia em que o trouxe para minha casa: um grande ursinho de pelúcia marrom, adorável e destrutivo. Assim era ele antes de nosso acordo; antes que ele fosse trazido à minha civilização. A natureza não é mais sanguinária do que aquilo que chamamos de civilização; e não é uma guerra de todos contra todos. As vidas dos lobos podem ser curtas, mas as nossas também são. Eles não são solitários, e só podem ser considerados pobres pela nossa maneira de medir as coisas.

Após termos passado cerca de uma hora juntos na casa, naquela tarde de maio, eu já amava o pequeno e adorável destruidor de cortinas e de sistemas de ar-condicionado. E sempre o amaria. Ele não estava, é claro, em posição de me ajudar, e só podia me ferir no bolso, como já acontecera; e não havia nada que eu pudesse fazer para mudar essa situação. Se houve um contrato entre nós, este foi baseado em uma moral básica e visceral. Uma moral que pregava, em vez da justiça, a lealdade.

A esse respeito, tomei uma decisão inusitada quando tornei Brenin piscívoro. Foi uma das poucas ocasiões em que coloquei os interesses de animais que nunca encontrara, e que nunca encontraria, acima dos interesses do meu lobo. No caso, coloquei a justiça acima da lealdade. Confesso que só agi assim por ter chegado à conclusão de que as exigências da lealdade estavam muito atenuadas — Brenin poderia adotar a nova dieta sem muito sacrifício, se algum houvesse — e as exigências da justiça eram bastante inequívocas. Mas ocorrências desse tipo, como eu já disse, eram raras. Como gosto de dizer aos meus alunos, quando discutimos dilemas morais: se vocês e Brenin estivessem se afogando, e eu estivesse em um barco onde só coubesse mais uma pessoa, vocês estariam ferrados. Eles acham que estou brincando.

Uma das tarefas mais difíceis da moralidade é equilibrar as exigências de quem não conhecemos com as exigências da matilha: a necessidade de justiça com o apelo insistente da lealdade. Durante a maior parte de sua história, a filosofia sempre enfatizou que a moral foi concebida para pessoas a quem não conhecemos. O que, acho eu, não é uma coisa acidental, mas provém de nosso *pedigree* símio. Quando pensamos na sociedade como uma coleção de desconhecidos, pensamos na moral como uma forma de cálculo, onde tentamos imaginar o que seria melhor — por um determinado padrão de "melhor" — para todos os envolvidos. E cálculos são o que o primata em nós sabe fazer melhor. Nós não olhamos para os demais primatas, simplesmente; nós os observamos. Nós conspiramos, computamos probabilidades, avaliamos possibilidades; durante todo o tempo, esperamos uma oportunidade para obter vantagem. Os mais importantes relacionamentos em nossas vidas são medidos em termos de saldos e déficits, lucros e perdas. O que você tem feito por mim? Você me satisfaz? O que ganho estando com você, e o que perco? Posso fazer melhor? Os cálculos — morais mais do que defensivos — projetados na sociedade como um todo são apenas uma extensão dessa habilidade básica. Para nós, primatas, pensar em termos contratuais é uma coisa natural, pois um contrato nada mais é do que um sacrifício deliberado em troca de um ganho esperado. A ideia de contrato é apenas uma codificação — uma forma de explicitar — de alguma coisa que está profundamente arraigada em nós. Os cálculos estão no âmago dos contratos e no coração do primata que existe em nós. O contrato é uma invenção de primatas para primatas — não nos diz absolutamente nada sobre o relacionamento entre um primata e um lobo.

Por que nós — ou ao menos alguns de nós — amamos nossos cachorros? Por que eu amava Brenin? Eu gostaria de pensar — recaindo em outra metáfora — que nossos cães mexem com algo que existe nos mais profundos recessos de um lugar há muito esquecido de nossa alma. Neste lugar mora um "nós" mais antigo — uma parte de nós que já estava lá antes de nos tornarmos primatas. É o lobo que fomos um dia. Esse lobo compreende que a felicidade não pode ser encontrada nos cálculos. Compreende que nenhum relacionamento de fato significativo pode ser baseado em um contrato. Em primeiro lugar está a lealdade, que devemos respeitar em qualquer circunstância. Cálculos e contratos sempre vêm depois — quando a parte símia de nossa alma substitui a lupina.

6
A busca da felicidade e de coelhos

1

Durante os anos que passou na Irlanda, Brenin estava no auge. Ficara corpulento, medindo 89 centímetros, do chão até o ombro, e pesando cerca de 70 quilos. Era tão alto quanto os dogues alemães com os quais eu crescera, mas tinha compleição bem mais robusta. Suas pernas eram longas, como as de sua mãe, e na extremidade delas havia pés do tamanho de meus punhos; mas ele havia adquirido a corpulência do pai. Sua cabeça era uma cunha larga, empoleirada em ombros poderosos. Seu abdome era cavado e seus quadris, estreitos. Ele me lembrava, mais que qualquer outra coisa, um touro. Na verdade, quando eu pensava em como ele mudara desde sua juventude no Alabama, sempre me recordava do poema "Lamento", de Dylan Thomas, e seu relato sobre a transformação de um homem — de um jovem macho em um adulto possante. A listra negra que corria pelo seu focinho esmaecera, mas ainda era visível, emoldurada pelos mesmos olhos estranhos, cor de amêndoa. Não tenho muitas fotos de Brenin — eu não costumava bater fotos naquela época —, mas quando tento fixar sua imagem em minha mente, o que vejo são triângulos. Triângulos dançando em minha consciência: o triângulo de sua cabeça e focinho; os triângulos de suas orelhas; o triângulo de seu tronco visto de lado, afinando-se de seus ombros até sua cauda; o triângulo de seu tronco visto de frente, afinando-se em direção às pernas e aos pés imensos. A linha negra de seu focinho e seus olhos cor de amêndoas eram o ponto focal em torno do qual todos os triângulos se organizavam.

Já estávamos em Cork havia cerca de um ano, quando achei que Brenin precisava de uma amiga; alguém com mais pernas e de nariz mais frio do que eu. Folheando o *Cork Examiner* — assim como, cinco anos antes, folheara o *Tuscaloosa News* — vi um classificado anunciando "malamutes". Foi uma coisa surpreendente e perturbadora. Um malamute é um cão do Ártico, cão de trenó, semelhante a um husky, mas muito maior e mais corpulento. E mais importante: "malamute" ainda era o disfarce de Brenin — era o que eu respondia a qualquer pessoa que me perguntava qual era sua raça. Os irlandeses, por algum motivo, têm pavor de cachorros grandes. Se alguém descobrisse que Brenin era um lobo, provavelmente seríamos expulsos do país, ou coisa pior. Havia uma loja de conveniência aonde eu costumava ir com Brenin, em minha caminhada diária até o trabalho. Um dia, um jornal exposto do lado de fora trazia a manchete: "Lobo". Era uma história muito triste sobre um mestiço de lobo (bem pequeno) que escapara de sua casa e estava perambulando pelos campos, na Irlanda do Norte. Embora a ocorrência fosse no Norte, a imprensa da República da Irlanda estava frenética, assim como a mulher que me serviu a lata de Coca-Cola e o sanduíche de queijo, que eu consumia diariamente. Ouvi as mesmas bobagens desinformadas, sem piscar o olho para Brenin, a quem ela já se habituara: "As crianças correm perigo. Os lobos deveriam ser banidos. São assassinos." No final, o lobo foi morto a tiros por algum fazendeiro idiota, de quem se aproximara, talvez para pedir comida. Os lojistas e crianças de Erin já podiam dormir tranquilos. Tal como Clark Kent, Brenin tinha razões muito boas para manter sua identidade secreta. O "malamute" era minha maneira de fazer isso. Os malamutes eram praticamente desconhecidos na Irlanda, e eu esperava que as coisas permanecessem assim.

O dia seguinte nos encontrou dirigindo até um pequeno vilarejo nas proximidades de Ennis, em County Clare — cerca de três horas de viagem. O pai da ninhada era realmente um malamute: grande e marrom, quase tão grande quanto Brenin, na verdade. Como era inevitável,

Brenin o odiou. A mãe, por outro lado, não era um malamute, mas uma cadela pastor alemão; talvez o pastor alemão mais feio que já vi.

Segundo a minha experiência, quando os pais são muito diferentes, os filhotes sempre puxam ao pior. Portanto, quase desisti de levar um deles. Mas quando os vi, mudei de ideia. Estavam abrigados em uma garagem, cobertos de pulgas e imundícies. Decidi que iria resgatar um deles e escolhi a maior fêmea da ninhada. Sou um bobo no que diz respeito a filhotes. Entretanto, voltei para casa com um nó no estômago. Ótimo, pensei, vou ter de aturar uma pastor alemão feiosa nos próximos dez anos ou mais. Na verdade, tive sorte. Ela se tornou o cão mais gentil, corajoso e inteligente que se poderia encontrar — e, a propósito, nem um pouco feia. Chamei ela de Nina, abreviatura de Karenina, inspirado em Karenin — o cachorro de *A Insustentável Leveza do Ser*, um de meus livros favoritos —, o qual, por sua vez, recebeu seu nome por causa de Anna Karenina.

Eu queria adquirir outro cão sobretudo para que Brenin tivesse companhia canina. Mas, no início, ele não demonstrou muito entusiasmo. Quando era filhote, Nina o atormentava constantemente, nunca lhe dando um momento de paz. Em pouquíssimo tempo, aprendeu a usar a herança selvagem de Brenin contra ele mesmo, descobrindo como fazê-lo regurgitar a comida. Lambia seu focinho de forma frenética — Brenin tentava desviar a cabeça, mas Nina era implacável — e o jantar vinha para fora. Nina então o devorava deliciada — em uma cena que conseguia ser, ao mesmo tempo, pungente e repugnante. Nina logo se tornou um filhote bastante gordo e Brenin, um lobo bastante magro. Até que Brenin descobriu uma parte do quintal a que Nina não tinha acesso: um barranco quase vertical, que exigia um salto de mais de um metro para ser escalado. Ele costumava se retirar para o local — na maior parte das vezes após o jantar —, onde ficava durante horas, com Nina pulando e ganindo inutilmente no sopé. Essa trégua só durou algumas semanas — até que Nina se tornasse grande o bastante para subir o barranco e se juntar a ele —, mas permitiu que Brenin recuperasse o peso que perdera.

Apesar do tormento incessante, Brenin tinha uma atitude muito protetora com relação a Nina, não permitindo que outros cães ou outras pessoas se aproximassem dela. Isso me lembra de outro incidente em que tive sorte. Certo dia, por volta de meia-noite, poucos dias após a chegada de Nina, houve um barulho no quintal dos fundos, que era cercado por todos os lados com uma alta cerca viva — 2,5 metros ou mais. Era impossível entrar ali por acidente. Eu não ouvi o barulho, mas Brenin ouviu. Pôs-se de pé rapidamente e, pulando até a janela, colocou os pés sobre o peitoril. Quando abri a porta, ele correu para o barranco dos fundos, o lugar onde costumava se refugiar de Nina, e desapareceu atrás de uma árvore. Reapareceu arrastando um homem, que, depois, manteve preso no solo. Hesito em relatar o que se seguiu, já que não agi muito bem. Em minha defesa, posso dizer que vivi nos Estados Unidos durante tanto tempo que ainda conservava a mentalidade americana. Meu primeiro pensamento foi: "Ah, meu Deus, e se ele tiver um revólver? Vai dar um tiro no meu garoto!" Então, corri até o quintal e comecei a chutar o homem, gritando americanismos como "Não se mexa, filho da puta!" Claro que ele se mexeu: não se mover é muito difícil quando temos um lobo mordendo nossa garganta e um louco nos chutando, enquanto grita obscenidades. Finalmente, tudo se acalmou. Eu segurei o cara — um homem grande, mais ou menos da minha idade, que poderia ter me causado problemas se eu estivesse sozinho — com uma chave de braço.

— O que você está fazendo no meu jardim? — perguntei.

— Nada — disse ele. Então o conduzi para fora de casa e o atirei na rua.

Eu não tinha telefone, na época; portanto, não podia chamar a polícia. Mas assim que o fluxo de adrenalina cessou, percebi que isso teria sido má ideia. A enormidade do que eu fizera começou a se evidenciar. Se ainda estivéssemos nos Estados Unidos e eu tivesse atacado um intruso daquela forma, é quase certo que receberíamos as congratulações dos vizinhos e da polícia. Mas eu não achava que isso iria funcionar na Irlanda, onde a utilização de um lobo para atacar intrusos seria vista com muito menos compreensão. Felizmente, estávamos no final de outubro, a noite era fria e o cara usava um casaco grosso. Não acho que Brenin fosse capaz de infligir grandes danos através do tecido — pelo menos não vi sangue quando o atirei na rua. No entanto, pensei, considerando tudo, não seria má ideia tirar Brenin dali. Talvez fosse uma reação extremada, mas o incidente com o mestiço de lobo, no Norte, tinha me deixado um tanto paranoico. Então, pensei em deixá-lo com meus pais durante algumas semanas, até que as coisas arrefecessem. Fiz as malas apressadamente e me preparei para uma viagem noturna até Rosslare, junto com Brenin e Nina. Eu poderia tomar a barca de nove da manhã, e estar fora do país antes que a polícia — a Garda Siochana, a polícia irlandesa — soubesse onde estávamos.

Então, escutei umas batidas na porta. Achei que era a polícia. Puxei as cortinas e olhei para a porta da frente, pensando em como deveria me conduzir em uma situação de cerco. E em como deveria me conduzir em uma situação de cerco sem um revólver. E sem um refém. Mas eu não precisaria ter me preocupado. Era a mulher da casa ao lado. O homem que Brenin e eu tínhamos atacado era o marido de quem ela estava separada. Ela me disse que ele costumava aparecer de vez em quando — geralmente depois de tomar umas e outras — para bater nela. E o melhor, pelo menos sob o ponto de vista do meu lobo e do meu, era que havia uma ordem judicial para que ele não chegasse a menos de 30 metros da casa dela — não que isso, aparentemente, fizesse muita diferença. Então, pensei, as chances de que ele tivesse chamado a polícia eram remotas, e decidi deixar nosso êxodo para Rosslare em compasso de espera.

Até hoje não consigo acreditar na sorte que tive naquela noite. É verdade que qualquer indivíduo que entrasse no meu quintal, à meia-noite, não deveria estar muito bem-intencionado. Mas, mesmo assim, você gostaria realmente de nos ter como vizinhos? E se fosse uma criança que estivesse no quintal? Isso é o que a atendente da loja de conveniência teria dito. Estou inclinado a pensar que tudo teria corrido bem. Brenin não teve oportunidade de se encontrar com muitas crianças durante sua vida, mas sempre tratou as que encontrou com uma gentileza e consideração que me impressionaram. Depois daquela noite, ele se tornou conhecido do menininho que morava ao lado — e ambos, o menino e a mãe, passaram a gostar muito de Brenin.

Apesar de tudo, o episódio me acordou para uma coisa que, em retrospecto, provavelmente já chapinhava havia algum tempo em meu pré-consciente. Brenin e eu éramos um tanto imprevisíveis. Isto nos tornava um tanto perigosos. Se fôssemos caubóis, as pessoas nos descreveriam como rápidos no gatilho. É o que vem à minha mente quando penso em minhas ações naquela noite. Envolvi-me na confusão um tanto rápido demais, meus pés apoiaram com demasiada disposição os dentes faiscantes de Brenin. Nosso sentido mútuo de lealdade superou em muito nosso sentido de justiça para com os outros. Havíamos nos tornado uma matilha, uma nação de duas pessoas. E não dávamos a devida importância a quem estivesse fora desta nação.

Após este incidente, muitos poderão dizer que não havia lugar para Brenin em uma sociedade civilizada. Podem ter razão. Assim sendo, devo acrescentar que eu também não tinha. Aquela noite assinalou o começo de nossa retirada gradual do mundo dos seres humanos. Este mundo — tenho que ser sincero — tinha começado a me desgostar. Desgostava-me que existisse, de fato, uma mentalidade que fazia de Brenin um alvo de tiros. Desgostava-me ser um fugitivo — sempre fazendo as malas e dando o fora. Esses pensamentos eram, é claro, reações exageradas e melodramáticas. Na realidade, eram desculpas para que eu fizesse uma coisa que já tinha vontade de fazer. A mudança real não fora no mundo, mas dentro de mim. Do sociável festeiro do Alabama, eu me tornara algo bem diferente: um solitário, um desajustado, um misantropo. Não me inseria na sociedade. Estava farto dos seres humanos. Precisava tirar seu fedor de minhas narinas.

Mudamo-nos da cidade de Cork alguns meses mais tarde. A vizinha e seu filho ficaram muito tristes quando nos viram partir. A civilização não os protegia de um homem grande e malvado. Precisavam de um cão ainda maior e mais malvado que ele.

2

Comprei uma pequena casa, um chalé na península de Knockduff, a poucos quilômetros de uma cidade chamada Kinsale, na costa sul da Irlanda, e a cerca de 30 quilômetros da cidade de Cork. Devo dizer que me apaixonei pelo lugar assim que o vi. A verdade era que eu vinha procurando um lugar, já havia algum tempo, e as coisas deixavam de se concretizar no último minuto, em grande parte por conta da hesitação dos vendedores. Assim, quando vi a casa em Kinsale — e depois de tê-la observado por menos de dois minutos —, minha reação foi: vou comprar essa casa. Fiz uma oferta, que foi aceita em dez minutos. A casa era um chalé, construído no século XVIII, cujas paredes de pedra, com reboco branco, tinham quase um metro de largura. Em torno das portas e das janelas, as pedras ficavam expostas. Suas grossas portas marrons, dianteira e traseira, eram divididas no sentido horizontal, como portas de estábulos. Em função da grossura das paredes, os peitoris das janelas tinham quase um metro de profundidade. Ao sentirem qualquer perturbação do lado de fora, Brenin e Nina se apoiavam na metade inferior das portas, com as grandes patas pendentes do lado de fora. Quando as portas estavam completamente fechadas, pulavam nos peitoris e olhavam para fora de modo ameaçador. Eram, com certeza, os melhores afugentadores de ladrões do mundo. Na verdade, afugentavam quase todo mundo. Compreensivelmente, Colm, o carteiro, relutava em sair de sua caminhonete. Assim sendo, ficava sentado dentro do veículo, buzinando, até que eu lhe fizesse o sinal de que podia descer. Acabei por instalar uma caixa de correio, onde ele podia depositar a correspondência sem ter que descer de seu refúgio móvel.

Em sua essência, a casa poderia ser definida em duas palavras: minúscula e despojada. Acho que até Brenin e Nina a achavam um pouco primitiva. Eram, ao todo, cinco cômodos: sala de estar, banheiro, dois quartos e uma cozinha, todos muito pequenos. Por alguma extravagância histórica ou intenção excêntrica, o banheiro era o maior cômodo da casa. Havia um sistema de aquecimento central que só funcionava quando bem entendia; quando não funcionava, eu era obrigado a ir até o compartimento da caldeira, onde uma família de ratos fixara residência, e pedir licença a seus membros para resolver o problema (Brenin e Nina logo me livraram desta pequena dificuldade). Foi a primeira casa que comprei. Muita gente pensou que eu enlouquecera. O preço que pagara por aquela construção minúscula, úmida e exposta aos ventos foi considerado extorsivo, até para o elegante distrito de Kinsale, "A Capital Gastronômica da Irlanda", onde, inexplicavelmente, inúmeros restaurantes grã-finos haviam decidido se estabelecer. Mas não havia motivos para minha preocupação. Com a situação do mercado imobiliário da Irlanda naquela época, eu poderia comprar um galinheiro e ainda ganhar rios de dinheiro.

O que mais me atraiu foi a localização. O chalé ficava a uns 3 quilômetros de Kinsale, na península de Rathmore. A casa principal à qual estava vinculado estava abandonada. O que significava que Brenin, Nina e eu tínhamos cerca de 80 hectares de campos ondulados para correr todos os dias. Era só sair de casa e estávamos em meio a plantações de cevada, que se estendiam até se perderem de vista. O terreno descia até um bosque; além do bosque estava o mar. Brenin e Nina logo descobriram que, onde há cevada, há sempre ratos. E logo perceberam que, para avistá-los, precisariam de uma visão sinóptica. Para obtê-la, teriam de pular. O movimento assustava os ratos e os fazia correr. De suas momentâneas posições aéreas, Brenin e Nina eram capazes de discernir os movimentos nas plantações e atacar os roedores. Tudo o que eu via, nessas ocasiões, eram seus pulos ocasionais, logo seguidos por um mergulho, como se fossem salmões saltando em um oceano de cevada. Eu achava impossível ficar perto de toda aquela alegria sem me sentir contagiado por ela — embora os ratos possam ter tido uma sensação diferente.

Os campos de cevada desciam até o bosque. Na orla do bosque, havia uma toca de coelhos, onde os comportamentos de Brenin e de Nina se modificaram. Dos saltos nos campos de cevada, passaram a ficar de tocaia — tentando se aproximar sorrateiramente de algum coelho descuidado que estivesse tomando sol por ali. Brenin era mais hábil do que Nina, que geralmente estragava a brincadeira, atacando antes da hora. Eu ficava grato por isso. Desde que escrevera *Animal Rights*, eu era agora, oficial e publicamente, contra a matança de animais por esporte ou por comida — até mesmo ratos, embora estivesse propenso a fechar os olhos quando os ratos se alojavam no compartimento da caldeira. Ao que parece, eu era bem mais ambíguo na questão da violência contra os intrusos noturnos que batiam nas esposas. Mas, de qualquer forma, era totalmente contrário à crueldade contra os animais. O mais incrível é que me tornara mais excêntrico do que antes — tornara-me vegetariano por razões morais, o mais estranho dos estranhos, condenado a viver o resto de minha existência miserável privado dos prazeres gustativos da carne. E, como eu costumava lembrar a Brenin, ao abortar alguns de seus estratagemas de caça aos coelhos, a culpa era toda dele.

3

Ao trocar o Alabama pela Irlanda, eu pretendia encontrar uma casa no campo, tão longe da civilização quanto possível, onde não houvesse absoluta e positivamente nada para fazer, exceto escrever. Durante a maior parte do tempo, me dediquei ao projeto com bastante êxito. Tive namoradas, mas elas entraram na minha vida e dela saíram com uma regularidade pela qual se poderia acertar um relógio, e com uma inevitabilidade na qual se poderia apostar o último tostão. Entravam na minha vida, presumo, porque eu era cortês e espirituoso — pelo menos quando me esforçava — e ainda inusitadamente bem-apessoado, pelo menos para um professor universitário cujo rosto ainda não fora arruinado por anos de consumo de álcool. Saíam da minha vida porque logo percebiam que eu não sentia nada especial por elas e nelas via pouco mais que uma conveniência sexual. Não me sentia em condições de partilhar minha vida com seres humanos. Tinha outras preocupações.

A verdade, suponho, é que sempre fui naturalmente um misantropo. Não me orgulho disso, não é um aspecto de minha personalidade que eu procure ou tenha procurado cultivar. Mas existe e é inconfundível. Com um pequeno número de exceções, meus relacionamentos com outras pessoas foram sempre permeados pela sensação — uma compreensão vaga e sombria — de que estou apenas matando tempo. Foi assim que o álcool se insinuou em minha vida pela primeira vez. Eu precisava estar sempre bêbado para permanecer, pelo tempo que fosse, na companhia de amigos — fosse em Gales, Manchester, Oxford ou Alabama. Isso não significa que eu não me divertisse, muito pelo contrário, eu me divertia muitíssimo. Mas tenho certeza absoluta de que as coisas seriam diferentes sem o álcool. E não se trata do esnobismo de um professor universitário que só admite a companhia de pessoas que considere do mesmo nível intelectual. Os professores universitários me deixam ainda mais entediado. A culpa não é de nenhuma das pessoas a quem chamei de amigos. É minha. Falta alguma coisa em mim. Ao longo dos anos, fui percebendo que as escolhas que tenho feito e a vida que tenho levado são uma resposta a essa lacuna. A coisa mais significativa a meu respeito, creio eu, é o que falta em mim.

A carreira que escolhi é, quase com certeza, a melhor expressão desta lacuna. Com a possível exceção dos patamares mais altos da matemática pura e da física teórica, é difícil imaginar algo mais desumano que a filosofia — com sua adoração pela lógica em toda sua pureza fria e cristalina; e sua determinação para escalar os gelados e desolados picos das teorias e das abstrações. Ser filósofo é não ter raízes existenciais. Quando penso em um filósofo, imagino Bertrand Russell, sentado todos os dias, o dia inteiro, durante cinco anos na Biblioteca Britânica, escrevendo *Principia Mathematica*, uma empreitada incrível, difícil e brilhante — provavelmente malsucedida — para extrair todas as verdades matemáticas da teoria dos conjuntos. Russell precisou de 86 páginas para, usando apenas o aparato da teoria dos conjuntos, demonstrar que um mais um é igual a dois — o que chamou, com sarcasmo, de proposição "ocasionalmente útil". Isso permite imaginar o tamanho do livro. Ou imagino Nietzsche, um aleijado itinerante, que perambulava de um país a outro, sem amigos, nem família, nem dinheiro; depois de um início promissor, seu trabalho só recebeu rejeição e escárnio. Pense no que essas coisas lhes custaram. Intelectualmente, Russell nunca mais foi o mesmo. E Nietzsche afundou na loucura — embora, reconhecidamente, a sífilis tenha desempenhado um papel na derrocada. A filosofia enfraquece. Os filósofos deveriam receber condolências, em vez de encorajamento.

Portanto, desconfio de que sempre tive um misantropo dentro de mim, apenas esperando por uma oportunidade. Ele foi mantido na caixa durante meus primeiros anos. Mas quando cheguei à Irlanda, sua hora havia chegado. Considerando que eu era inútil em matemática — um ano estudando engenharia em Manchester demonstrou isso de forma conclusiva —, a filosofia era provavelmente a única carreira que me permitiria desenvolver o misantropo em potencial. Meu afastamento do mundo dos seres humanos, autoimposto, era apenas uma extensão lógica dessa situação. E Brenin — o grande lobo mau — tornou-se uma expressão simbólica desse exílio. Brenin não era apenas meu único e melhor amigo. Eu estava começando a me conhecer em termos do que ele representava: a rejeição de um mundo humano de calor e amizade, e a aceitação de um mundo gelado e abstrato. Eu me tornara um homem do Ártico. Minha pequena casa de campo — glacial e varrida pelos ventos —, com um sistema de aquecimento que raramente funcionava, e que não aquecia a casa mesmo quando funcionava, era um invólucro físico adequado para meu novo distanciamento emocional.

Meus pais, Deus os proteja, estavam terrivelmente preocupados comigo. Em minhas cada vez mais raras visitas à casa deles, o que eu mais ouvia era: como você pode ser feliz, vivendo desse jeito?

4

Segundo diversos filósofos, a felicidade tem um valor intrínseco. O que eles querem dizer é que a felicidade é valiosa por si mesma, não por estar ligada a qualquer outra coisa. Prezamos a maioria das coisas pelo que podem fazer por nós, ou obter para nós. Prezamos o dinheiro, por exemplo, apenas pelas coisas que podemos comprar com ele: comida, abrigo, segurança, e talvez mesmo, como pensam alguns de nós, a felicidade. Prezamos a medicina não por ela mesma, mas pelo papel que pode ter na recuperação da saúde. O dinheiro e a medicina têm um valor instrumental, mas não são intrinsecamente valiosos. Alguns filósofos acham que somente a felicidade tem um valor intrínseco: a felicidade é a única coisa que prezamos por si mesma, e não por alguma coisa que possa nos proporcionar.

Desde aquela época, no final dos anos 1990, quando meus pais começavam a se preocupar comigo, a felicidade foi adquirindo um perfil mais elevado, nem tanto na filosofia, mas na cultura, de modo geral. Tornou-se até um grande negócio. Florestas inteiras foram sacrificadas em seu altar, para a impressão de livros que nos ensinam truques para obter a felicidade. Certos governos entraram no jogo, patrocinando es-

A busca da felicidade e de coelhos

tudos que nos dizem que, embora materialmente sejamos muito mais ricos do que nossos antepassados, não somos mais felizes do que eles: a prova de que o dinheiro não traz felicidade é uma ideia útil para qualquer governo.

Finalmente, e inevitavelmente, os professores universitários, que farejam uma boa sinecura quando esta aparece, pularam dentro do barco. Começaram a abordar — ou, mais precisamente, mandaram seus alunos abordarem — as pessoas nas ruas, fazendo perguntas impertinentes, como: "Quando você se sente mais feliz?" É claro que acanhamento e discrição, neste início do século XXI, não ocupam um patamar muito alto no panteão de virtudes do Ocidente. Assim sendo, muitas pessoas respondem à pergunta. Ao que parece — e todos os estudos concordam com isso — as pessoas são mais felizes quando estão fazendo sexo, e mais infelizes quando falam com seus patrões. Se estiverem fazendo sexo com o patrão, enquanto falam com ele ou com ela, não está claro o que são: oportunistas ciclotímicos, talvez.

O que devemos estar imaginando ao respondermos "Quando estou fazendo sexo" à pergunta "Quando você se sente mais feliz?" Devemos estar imaginando que a felicidade é um sentimento; especificamente, o sentimento do prazer — pois isto é o que o sexo produz quando você o está praticando minimamente bem. Da mesma forma, a infelicidade decorrente de falar com o patrão tem algo a ver com os sentimentos de desassossego e preocupação, ou talvez náusea e desprezo, que esta conversa acarreta. Felicidade e infelicidade são sentimentos de um determinado tipo. Combinemos esta ideia com a alegação dos filósofos de que a felicidade tem valor intrínseco — talvez a única coisa na vida que desejamos por si mesma, e não por nos proporcionar outra coisa. Chegamos então à simples conclusão: a coisa mais importante na vida é nos sentirmos de um determinado modo. A qualidade de nossa vida, quer seja boa ou ruim, é uma questão de como nos sentimos.

Um modo útil de caracterizar os seres humanos é como um tipo específico de viciado. Com exceção de alguns dos outros grandes primatas, isso não se aplica a nenhum outro animal. Os seres humanos não são, de modo geral, viciados em drogas — embora alguns o sejam. Mas são viciados em felicidade. Os viciados em felicidade compartilham com seus primos, os viciados em drogas, um apetite insaciável por algo que realmente não lhes faz tão bem e não é tão importante, afinal de contas. Mas, em um certo sentido, a vida dos viciados em felicidade é pior. Um viciado em drogas tem uma concepção errada a respeito da origem de sua felicidade. Os viciados em felicidade têm uma concepção errada a respeito do que seja a felicidade. Ambos padecem da incapacidade de avaliar o que é mais importante na vida.

Há viciados em felicidade em todas as formas e tamanhos, provenientes de todos os escalões sociais da vida. Não há marcas nos braços, nem nos pés, que os identifiquem. Eles não precisam tomar picos na veia ou cafungar. Alguns são viciados na felicidade oferecida pelo Clube 18-30.* Todas as sextas-feiras e sábados, à noite, dirigem-se ao centro da cidade, onde se embebedam e/ou fazem sexo; quando isso não acontece (e, talvez, mesmo que aconteça), arrumam uma briga. Então, uma ou duas vezes por ano, viajam a Ibiza, Corfu, Creta, Cancún, ou onde quer que seja o passeio, e fazem exatamente as mesmas coisas, apenas com um pouco mais de intensidade. Para eles, isso é a felicidade. A felicidade é o prazer, e o prazer é tudo.

Não é necessário ter de 18 a 30 anos de idade para ser um viciado na felicidade oferecida pelo Clube 18-30; qualquer pessoa familiarizada com as multidões que se reúnem nos lugares de diversão, nos sábados à noite, ou viajam em voos fretados para Corfu, sabe disso. Alguns seres humanos permanecem viciados na felicidade oferecida pelo 18-30 durante toda a vida. Outros, à medida que ficam mais velhos, mais lentos e mais fracos, se tornam, na opinião deles, mais sofisticados. Em primeiro lugar, tratam de expandir seus conceitos de felicidade além dos sentimentos puramente hedonistas e decadentes que caracterizavam sua época 18-30. Para os sofisticados maduros, a felicidade não consiste somente, ou primordialmente, nos sentimentos produzidos por sexo, drogas e álcool. Estes reconhecem que existem coisas mais importan-

---

* O Clube 18-30 (*Club 18-30*, em inglês, ou apenas *18-30*) é uma empresa, fundada na Inglaterra, que promove encontros e excursões para jovens de ambos os sexos, com idade média de 21 anos. Tais encontros são caracterizados pela absoluta liberdade sexual e pelo alto consumo de bebidas alcoólicas. (*N. do T.*)

tes. Os prazeres diretos, mas frequentemente debilitantes, associados ao consumo de uma caixa de cerveja, são substituídos pelo frisson de prazer, mais sutil, produzido por um ou dois cálices de Château Latour. Os excitantes prazeres resultantes do sexo praticado com parceiros praticamente desconhecidos são substituídos pelos prazeres mais refinados de um relacionamento "sério", que, em termos de atividade sexual, é quase um convívio entre irmãos. O desejo daqueles que "queimam, queimam, queimam, como fabulosos fogos de artifício, que explodem como aranhas através das estrelas", como disse Kerouac, é substituído pela tépida sofisticação de ver os filhos babando, ou murmurando alguma coisa que pode ou não ser sua primeira palavra.

A crescente sofisticação é assinalada pela expansão dos tipos de sentimentos que os seres humanos desejam classificar na categoria de felicidade. Mas trata-se de uma expansão construída sobre o modelo original. O que quer que seja a felicidade, é um sentimento de algum tipo. Isto é o que distingue os seres humanos: a busca perpétua e fútil por sentimentos. Nenhum outro animal faz isso. Somente os humanos acham que os sentimentos são tão importantes.

Uma das consequências dessa fixação obsessiva é que os humanos têm tendência a sofrer de neurose. Isto ocorre quando o foco se transfere da produção de sentimentos para o exame destes. Você está verdadeiramente feliz com sua vida atual? Seu parceiro entende suas necessidades de forma adequada? Você realmente se realiza ao criar seus filhos? Não há nada de errado, claro, em examinar a própria vida. A vida é tudo o que temos, e viver uma boa vida é a coisa mais importante que existe. Mas os humanos se caracterizam por uma interpretação errônea: pensamos que analisar nossa vida é a mesmíssima coisa que examinar nossos sentimentos. Quando examinamos nossos sentimentos e olhamos para dentro de nós, a conclusão a que chegamos é frequentemente negativa. Não nos sentimos do modo como gostaríamos, ou do modo como achamos que deveríamos. O que fazer, então? Bons viciados em felicidade que somos, partimos em busca da nova dose: um amante ou uma amante, um novo automóvel, uma nova casa, uma nova vida — qualquer coisa nova. Para o viciado, a felicidade é sempre trazida pelo novo e exótico, em vez do velho e familiar. Se tudo isso falhar — o que muitas vezes acontece — há um exército de profissionais muito bem remunerados, que ficarão felizes em nos dizer como poderemos arranjar nossa próxima dose.

Em resumo, talvez a caracterização mais simples e clara para a espécie humana é: os humanos são animais que idolatram os sentimentos. Não me entenda mal. Não tenho nada contra os sentimentos, nem contra o sexo. Brenin, aparentemente, também não. Uma noite de maio, durante as duas semanas mais quentes que já vi na Irlanda, Brenin desapareceu. Foi a única vez em que ele fez isso. Deixei que ele e Nina saíssem para o quintal, virei as costas por um segundo, e ele desapareceu. Avistei sua cauda, desaparecendo por cima do muro — um muro de pedra com um 1,80m de altura. Não fiquei surpreso com o fato de ele tê-lo escalado. O que me surpreendeu foi que ele desejasse fazer isso. Nunca antes demonstrara qualquer vontade de fugir. Corri até a rua e, ao chegar lá, ele já havia desaparecido. Então coloquei Nina no jipe e saímos para procurá-lo. Fomos descobri-lo numa rua a vários quilômetros de distância, *in flagrante delicto*, com uma pastor alemão branca. Os donos dela ficaram furiosos — embora, na minha humilde opinião, você não possa realmente esperar nada de bom deixando sua cadela no cio à solta no quintal, sem qualquer vigilância.

Afinal de contas, os proprietários da pastor se saíram bem — acabaram fazendo uma pequena fortuna com a venda dos filhotes. Naquela altura, Brenin já era famoso na localidade de Kinsale; e, aparentemente, não faltavam pessoas dispostas a pagar os olhos da cara por algum de seus filhotes. Por minha vez, acabei às voltas com mais um cão, pois não havia como eu não ficar com pelo menos um descendente de Brenin. Eu não mandara castrar Brenin, por falta de coragem. Foi uma atitude previsivelmente machista. Nós, homens, ficamos com os olhos marejados de lágrimas quando pensamos em castrar nossos cães. Mas estamos prontos para mandar retirar os ovários de nossas cadelas, sem maiores delongas — embora seja um procedimento muito mais complicado e invasivo. Foi por este motivo que nunca tive que me preocupar com Nina — mandei castrá-la assim que os veterinários me disseram que já era seguro fazer a operação. Eu precisava de mais um cão tanto quanto de um tiro na cabeça. Tal como estavam as coisas, Brenin e Nina mal cabiam na traseira do jipe — embora eu tivesse retirado os assentos de trás. Qualquer outro cão teria de se sentar ao meu lado no banco da frente (e, adivinhem, foi exatamente o que aconteceu). Assim, três meses e meio depois, nossa matilha ganhou um novo membro: a filha de Brenin. Eu a batizei de Tess.

Também me vi às voltas com um dilema moral, mais sério do que a previsível inconveniência de mais um cão. Eu evitara cruzar Brenin — apesar de várias propostas de proprietários de lobos e de mestiços de lobos — porque sabia como seus filhotes iriam ser: como ele. Eu me lembrava bem de como ele fora, como filhote, e sabia que a maioria das pessoas não teria condições de passar tanto tempo com ele quanto eu. Assim sendo, eu acreditava que as coisas correriam mal para seus filhos. Este pensamento ainda me atormenta até hoje. Espero que seus filhos — já devem estar velhos agora — estejam bem. Rezo para que tenham tido uma vida boa. Mas acho que nem todos tiveram. E lamento isso.

Talvez porque não tivesse noção das consequências, Brenin pareceu gostar de sua excursão sexual. E fez diversas tentativas para repetir o feito nos dias seguintes. Como eu não lhe permitia escapar de novo, ficava choramingando até adormecer. Se ele tivesse que responder a um desses questionários sobre felicidade, talvez respondesse "Quando estou fazendo sexo" à pergunta "Quando você se sente mais feliz?". Neste caso, ele não seria um lobo de sorte — pois teria sido feliz apenas uma vez. E se tivesse crescido em estado selvagem, as coisas ainda seriam piores: ele não faria sexo de forma nenhuma, a menos que fosse o macho alfa.

Entretanto, acho que o que importa para um lobo não é o sexo, ou sentimentos de qualquer tipo. Ao contrário dos humanos, os lobos não caçam sentimentos. Caçam coelhos.

6

Algumas pessoas me perguntam se Brenin era feliz. Na verdade querem dizer o seguinte: como você pôde tirar um lobo da natureza — seu crápula irresponsável — para forçá-lo a viver uma vida artificial, constrangido pela cultura e pelos costumes humanos? Já falei sobre isso. Mas vamos supor que as objeções tenham fundamento. Seria de se esperar que a felicidade de Brenin fosse maior quando ele estivesse fazendo o que é natural. Sexo pode ser uma dessas coisas. Mas a caça também é.

Passei muito tempo observando Brenin caçar e tentei imaginar o que ele estaria sentindo quando o fazia — se é que sentia alguma coisa. O que sentiria Brenin quando espreitava um coelho? Os coelhos são rápidos e escorregadios, mudam de direção em um átimo. A toda velocidade e em linha reta, Brenin era mais rápido, mas nem ele podia acompanhar os movimentos de um coelho. Então, era obrigado a ficar de tocaia. E a essência da tocaia é, de certa forma, realinhar a situação em que você se encontra. Tocaiar é uma questão de fazer com que o mundo seja mais favorável aos seus pontos fortes e mais indiferente aos de sua presa. Trata-se de um processo árduo e, desconfio, muito mais desagradável do que agradável.

A paciência de Brenin era impressionante. Durante a maior parte do tempo, permanecia deitado no chão, com o nariz e as patas dianteiras apontados na direção do coelho, músculos tensos e prontos a saltar. Quando o coelho se distraía, ele se aproximava alguns centímetros e permanecia imóvel, até que houvesse outra oportunidade para se mover. Não sei ao certo quanto durava este processo, mas creio que cerca de 15 minutos. Brenin tentava engendrar uma situação na qual seus pontos fortes — a surpresa e uma espantosa aceleração a curta distância — fossem mais importantes que o ponto forte do coelho: mudar de direção em uma fração de segundo. Em geral, e felizmente, o coelho o avistava muito antes disso. Ao perceber que fora descoberto, Brenin atacava com rapidez impressionante, utilizando toda a energia que represara. Na maior parte das vezes, voltava sem nada.

Se esse momento era quando Brenin se encontrava feliz, o que seria a felicidade para ele? A caça trazia a agonia da tensão, a rigidez imposta ao corpo e à mente, o conflito obrigatório entre seu intenso desejo de atacar e o conhecimento de que poderia pôr tudo a perder. Aquilo que Brenin mais queria, tinha que negar a si mesmo, repetidamente. Seu sofrimento era aliviado apenas parcialmente pelo avanço disfarçado, centímetro a centímetro; quando parava, o processo recomeçava, novamente. Não acredito que isto seja felicidade; me parece mais sofrimento do que êxtase.

Alguém poderia dizer que Brenin talvez só ficasse feliz após capturar o coelho. Espero que não, já que isso só acontecia raramente. Mas seu comportamento indicava o contrário, de modo claro. Obtendo sucesso ou fracassando, sempre voltava para mim do mesmo modo, com os olhos brilhando, pulando animado ao meu redor. Era um lobo feliz, tenho certeza. Por conseguinte, sua felicidade tinha pouco a ver com as delícias de sentir suas mandíbulas se cravarem na carne do coelho.

A caçada de Brenin me lembrava, mais que qualquer coisa, da atividade que eu desempenhava na outra parte da minha vida: a filosofia. Eu não espreitava coelhos, mas pensamentos. Brenin espreitava coelhos que eram, frequentemente, difíceis demais para que ele os capturasse. Eu espreitava pensamentos difíceis demais para que os captasse. Se você se esforça o bastante, consegue pensar coisas nas quais não conseguiria pensar antes — justamente por serem difíceis demais para você. É uma coisa muito desagradável de se fazer. Dói. Primeiro, há um desprazer prolongado, que resulta de você, simplesmente, estar remexendo uma área difícil demais para você — as águas lamacentas e repugnantes de um pântano onde você não encontra pontos de referência, nem conta com o apoio do solo firme das margens. Então, após diversas semanas, ou meses, o pensamento começa a se delinear: começa a ser pensado. Neste ponto, começa a tocaia. Você sente o pensamento como um bolo subindo lentamente pela garganta, para ser regurgitado, trazendo uma doce promessa de alívio. De repente, você percebe que está num beco sem saída. O bolo volta para o estômago, duro, resistente e desagradável, como uma refeição ruim. Então, você vislumbra um novo caminho e a esperança sobe de novo, dentro de você. Você pode sentir o pensamento se aproximar — quase, quase. Ainda não está pronto, porém, e afunda novamente. Você não consegue forçar um pensamento, assim como não consegue forçar um coelho. O pensamento vai aparecer; o coelho será capturado — mas só quando chegar o momento. Enquanto isso, você não pode apenas ficar esperando; tem de manter pressão sobre o pensamento, ou ele nunca surgirá. Finalmente, se você tiver sorte e for diligente, o pensamento se materializará. E você conseguirá pensar em algo que, antes, era difícil demais para ser pensado por você. O alívio é inegável, mas o objetivo nunca foi ficar aliviado. Você logo parte para o próximo pensamento, e recomeça o desprazer.

A felicidade não é apenas agradável; é uma coisa profundamente desagradável. É para mim e, desconfio, para Brenin também. E não estou me referindo à sabedoria popular, que diz não ser possível apreciar os bons momentos se você nunca passou pelos maus. Todo mundo sabe disso. A sabedoria popular estabelece uma relação causal entre a apreciação do bom e a experiência do mau. Se você não tiver passado por coisas desagradáveis, não será capaz de valorizar as coisas boas, quando as encontrar. Mas não é isso o que tenho em mente quando digo que a felicidade é desagradável. O que estou afirmando é que a felicidade é, por si mesma, parcialmente desagradável. Esta é uma verdade necessária a respeito da felicidade; não pode ser de outro modo. Na felicidade, aspectos agradáveis e desagradáveis formam um todo inseparável. E não podem ser separados sem que tudo desmorone.

7

Brenin gostava de brigar. Desconfio que se sentia feliz quando brigava. O que era ruim, porque eu nunca permitia que ele brigasse. Tentei extirpar este aspecto de sua personalidade, mas sem nenhum sucesso real. Somente quando ele ficou velho e fraco pude deixá-lo à vontade nas proximidades de grandes cachorros machos. Mas embora esta não fosse uma faceta de seu caráter que eu pudesse louvar, podia compreendê-la.

Fui um boxeador amador bastante bom, quando garoto, e usava minhas habilidades como um modo eventual de suplementar a renda que tinha como estudante — lutas ilegais travadas em locais sempre diferentes, em áreas como Ancoats e Moss Side —, embora eu tentasse ficar longe desta última: muitos garotos negros, espertos e rápidos. Você pagava 50 libras para entrar e, então, travava vários combates durante a noite — pelo menos, se tivesse sorte. Se vencesse sua primeira luta, recebia as 50 libras de volta. Se vencesse a segunda, dobrava o ganho. Uma terceira luta lhe renderia 200 — quantia que me mantinha por vários

A busca da felicidade e de coelhos

meses, naquela época. Mas, se perdesse, estava fora. Meu objetivo era vencer quatro lutas. No quarto combate, apenas tentava me defender e fugia da luta. Era declarado perdedor e ia embora sem grandes avarias. Assim não tinha de me defrontar com os lutadores realmente bons, que estariam na fase decisiva.

A multidão, é claro, não gostava disso — e manifestava seu descontentamento da forma consagrada pelo tempo, com vaias, ameaças e questionamentos acerca dos meus antepassados e da minha sexualidade. Mas minha melhor lembrança não é esta, e sim a caminhada até o ringue. A multidão estava sempre uivando por sangue. Eu sentia tanto medo que meu campo de visão se restringia até se transformar em um túnel estreito. Minhas pernas ficavam bambas e difíceis de controlar. Minha respiração se tornava ofegante e dolorosa. E eu só não vomitava porque já o fizera antes. Então, quando eu estava de pé no canto do ringue encarando meu oponente, pouco antes que o combate fosse iniciado, já sem qualquer esperança de fuga, surgia um maravilhoso sentimento de calma, que começava em meus artelhos e dedos, fluindo em ondas através do meu corpo.

Era uma calma estranha — pois o medo não ia embora. Simplesmente, deixara de ter importância. Quando eu lutava, me isolava em uma bolha dourada de concentração. O medo ainda estava presente, mas era um medo tranquilo e positivo, mesclado a um tipo de exultação difícil de explicar. A exultação resultava da consciência de que podia fazer bem alguma coisa, mas sempre respeitando os limites de minha capacidade. Talvez a melhor forma de descrever esta exultação seja como um tipo de conhecimento.

A luta nunca foi uma coisa pessoal. Dentro da bolha dourada, você não sente nenhuma animosidade. É um esforço impessoal — intelectual. Descrevê-lo como intelectual parece estranho, mas eu o faço, pois as lutas envolvem uma espécie de conhecimento. Um conhecimento que lhes é peculiar. Não há outro meio de adquiri-lo. Você passa a saber quanto tempo o oponente permanecerá com o braço esticado após aplicar um *jab*. Você sabe disso mesmo que não possa ver a mão dele. Você sabe o que ele faz com os pés quando lhe atira um direto de direita — e você sabe disso mesmo sem olhar para os pés dele. Em sua bolha de concentração, nos limites de sua capacidade física e emocional, você pode saber de coisas que, de outra forma, não saberia. Ele manteve o braço esticado um segundo a mais do que deveria, depois do *jab*; então você desvia a cabeça para fora e contra-ataca com um cruzado de esquerda dentro da guarda dele (quem consegue entender o que está acontecendo poderá perceber, pela descrição, que sou canhoto, e que o outro cara era destro). Se o seu golpe fizer contato com o queixo dele, um contato claro e incisivo, você sente a exultação. Não porque você tenha ódio do adversário; pelo contrário, em sua bolha de concentração, você não sente nada, nem contra, nem a favor dele. Você sente a exultação porque está fria e calmamente morto de medo. Lutar não é apenas conhecer o oponente, mas também nosso próprio dilema existencial: é saber que estamos equilibrados à beira de um precipício, e que um passo em falso em qualquer direção será desastroso.

Quando a vida chega a seu ponto mais visceral e, portanto, mais vibrante, não é possível separar a exultação do terror. O conhecimento de que o desastre espreita cada um de seus movimentos faz mais do que possibilitar as mais vigorosas formas de exultação: funde-se com a exultação, tornando-se parte dela. Terror e exultação são dois lados da mesma moeda; dois aspectos da mesma gestalt. A exultação nunca é puramente agradável; é também — necessária e profundamente — desagradável.

8

Uma teodiceia é a tentativa de encontrar um motivo para os aspectos desagradáveis da vida. Como o nome sugere, as teodiceias remetem-nos a Deus: Ele trabalha de modo misterioso, nos submete a provas, nos presenteou com o livre-arbítrio, e assim por diante. Mas existem também o que podemos chamar de teodiceias sem Deus — a mais famosa é talvez a de Nietzsche, que considerava a dor e o sofrimento instrumentos necessários para se tornar mais forte. Todas as teodiceias são, em última instância, atos de fé. Isto porque todas elas envolvem, implícita ou explicitamente, a ideia de que a vida tem um objetivo, ou propósito.

A busca da felicidade e de coelhos

A vida tem um significado e o objetivo da teodiceia é identificar onde — dentro desse contexto — o medo, a dor e o sofrimento devem ser situados. Uma das coisas mais difíceis de se aceitar não é somente o fato de que a vida não tem significado. É saber por que a ideia de que existe um significado — ou de que deveria existir — nos afasta do que é realmente importante.

Não estou tentando justificar a dor e o sofrimento. Não estou tentando oferecer uma teodiceia. A vida não tem significado, pelo menos no sentido em que as pessoas geralmente pensam; a dor e o sofrimento, portanto, não contribuem para lhe dar significado. Entretanto, eu logo aprenderia que a vida pode ter valor, em função de algumas coisas que nela ocorrem. Ficar sentado sobre a relva alta, observando Brenin tocaiar coelhos, me ensinou que, na vida, é importante caçar coelhos, não sentimentos. As melhores coisas de nossas vidas — os momentos em que estamos, como diríamos, no auge da felicidade — são ao mesmo tempo agradáveis e profundamente desagradáveis. A felicidade não é um sentimento; é um modo de ser. Se enfocarmos os sentimentos, não iremos entender o que é importante. Em breve, eu aprenderia uma lição relacionada a isso. Os momentos mais desagradáveis de nossas vidas são por vezes os mais valiosos. E só podem ser os mais valiosos por serem os mais desagradáveis. Muitos momentos desagradáveis estavam por vir.

7
Uma temporada no inferno

1

Quando já estávamos na Irlanda havia mais ou menos cinco anos, nossa vida havia se estabilizado em uma rotina ao mesmo tempo previsível e, sob o ponto de vista de minha carreira, lucrativa. De manhã, eu acordava na hora em que queria e ia correr com Brenin e as meninas, percorrendo os campos e indo até a beira do mar. Depois, dirigia até Cork para atender aos meus compromissos letivos, quando havia algum. Em seguida, ia para a academia de ginástica. Chegava em casa, geralmente, em torno das seis da tarde e, então, começava a escrever. Fazia isso até cerca de duas da manhã.

Após a chegada de Nina, decidi deixar Brenin em casa quando fosse para o trabalho. Sua destrutividade juvenil já havia declinado consideravelmente. Nina fazia o possível para substituí-lo; mas, mesmo nos piores momentos, sua engenhosidade destrutiva não podia ser comparada à de Brenin. Ele não ficava feliz em ser deixado em casa, e eu sentia sua falta em meu gabinete e na sala de aula. Às vezes, durante uma aula, eu olhava para o canto da sala, esperando vê-lo, e permanecia em choque por alguns momentos, até me lembrar de que ele estava em casa. Mas achava que seria uma atitude bastante injusta deixar sozinha em casa uma cadela jovem como Nina — sobretudo porque ela iria me ver saindo de casa com Brenin. Quando Tess chegou, no entanto, passou a fazer companhia a Nina. Então, voltei ao velho hábito de levar Brenin comigo para todos os lugares.

Como Tess era metade lobo, deveria ter metade da capacidade destrutiva do jovem Brenin. Mas isto já era ruim o bastante. Ela já comera quase tudo dentro de casa. As valiosas cadeiras antigas que eu herdara de minha avó não duraram mais que algumas semanas em seus dentes. Ela roeu um buraco na parede que separava a cozinha da área de serviço, que era de gesso cartonado — talvez em uma decidida, mas inútil, tentativa de alcançar a liberdade oferecida pelo quintal dos fundos. Herdara do jovem Brenin a afeição por cortinas. E rapidamente aprendeu como abrir os armários da cozinha, para devorar seu conteúdo. Se eram comestíveis ou não, não fazia diferença para ela. Quando instalei trincos de segurança nos armários, ela os devorou também. Finalmente, deixou de melindres e devorou os próprios armários. Eu perdi os documentos da casa em uma dessas demolições vespertinas: Tess os comeu. Pelo menos, acho que foi ela. Como havia duas cadelas na casa, eu não poderia realmente culpar ninguém com certeza. De qualquer forma, eu estava encrencado. Não poderia levar os três comigo para o trabalho.

Ao chegar em casa de noite, depois de examinar melancolicamente os destroços remanescentes das festividades vespertinas, eu começava a escrever. Enquanto escrevia, tinha sempre uma garrafa de uísque a meu lado. E como geralmente escrevia durante oito horas, não era sempre que me lembrava de ter ido dormir. O resultado foi que, após cinco anos na Irlanda, e apesar de me embebedar todas as noites, eu havia escrito seis ou sete livros sobre assuntos que iam desde a natureza da mente e da consciência, passando pelo valor da natureza, até os direitos dos animais. Aparentemente, os livros não eram uma porcaria, pois, para minha enorme surpresa, foram comentados em todos os bons jornais. E para meu enorme espanto, todas as críticas foram muito positivas. Instituições que não me tocariam nem com uma vara de bambu, quando eu deixara o Alabama, começaram a me oferecer emprego.

A princípio, resisti à ideia de me mudar, já que não queria privar Brenin e as meninas dos campos que tanto amavam. Finalmente, no entanto — já que ir de um extremo a outro parece ser um tema muito constante na minha vida —, pensei em tentar morar em Londres durante um ano, para ver no que iria dar. Tirei licença de um ano em Cork e aceitei uma oferta do Birkbeck College, na Universidade de Londres.

Fiquei um tanto ansioso no início com as questões de ordem prática da mudança. Depois de ler as últimas páginas, você alugaria uma casa para mim? Eu: um escritor alcoólatra, levando a reboque três animais indômitos e destrutivos? Só se você fosse maluco. Assim, a primeira regra para se alugar uma casa em Londres, quando você estiver planejando se mudar com um lobo e meio e um cachorro e meio, é óbvia: disfarce. "Sim, eu tenho um cachorrinho. Algum problema?" Não é tanto uma mentira quanto o oposto de uma hipérbole — uma "hipóbole", se quiser. Uma omissão para atingir uma finalidade: conseguir que alguém alugue uma casa para você. Uma mentira, reconheço. Depois, você faz algumas perguntas casuais a respeito da moradia do proprietário: "O proprietário mora aqui perto? No Quênia? Certo, vou ficar com a casa!"

Então, pouco antes do Natal, coloquei Brenin e as meninas no jipe — Brenin e Tess na traseira e Nina no assento dianteiro, onde ela gostava de sentar — e fomos de barca até a Grã-Bretanha. Passamos o Natal com meus pais e fomos de jipe até Londres. Desde o desafortunado episódio com Brenin na Irish Ferries, eu me tornara cliente fiel da Stena, uma empresa que dispunha de grandes canis em suas barcas. Brenin, entretanto, não gostava de ser colocado em um canil durante a viagem e costumava demonstrar sua insatisfação demolindo o mesmo. Invariavelmente, perto do final da travessia, ele já estava correndo pelo convés dos carros, ao som dos ganidos e grunhidos emitidos pelas duas meninas, que não haviam conseguido se libertar. Certa vez, ao chegarmos ao ponto de destino, algumas viagens depois de nos termos tornado fregueses da Stena, avistei um carpinteiro consertando alguns dos canis danificados. Ele se mostrou grato e, ao que tudo indicava, ficou felicíssimo ao conhecer o homem que tinha lhe arrumado trabalho extra. E resumiu a situação de modo bastante exato, segundo me pareceu:

— Eu não sei por que não deixam que ele viaje com você no convés superior... ele é mais limpo do que metade dos passageiros!

Uma temporada no inferno

De qualquer forma, como você pode perceber, eu não estava pretendendo voltar a fazer a travessia em um futuro próximo. Se estivesse, estou certo de que a Stena nos proibiria de fazê-la em suas barcas.

Eu estivera em Londres com algumas semanas de antecedência, deixando Brenin e as meninas com meus pais por um dia, e conseguira encontrar um pequeno chalé de dois quartos, a um pulinho de Wimbledon Common. Decidi que a área comum de 450 hectares de campos abertos — ou 1.500 hectares, incluindo o Richmond Park — repleta de bichinhos peludos, cujo único propósito na vida era serem caçados, cairia como uma luva para Brenin e as meninas. Foi o que aconteceu.

Saíamos para correr nos campos de manhã cedo, todos os dias, porque eu tinha que deixá-los exaustos antes de me aventurar a ir para o trabalho. Percorríamos o bosque e o gramado do London Scottish — talvez o único campo de golfe do mundo onde se permite a entrada de cães. Era uma corrida de aproximadamente oito quilômetros, mas Brenin e as meninas corriam pelo menos três vezes essa distância. Todas as vezes que avistavam um esquilo, disparavam atrás dele, mergulhando no bosque. Na verdade, o contato visual nem era necessário. Um farfalhar na vegetação bastava para que entrassem em ação. Felizmente, os esquilos eram rápidos e Brenin estava ficando lento. E Nina e Tess jamais atingiram seu nível de competência em caçadas. Assim, a mortalidade de esquilos e coelhos associada às nossas excursões diárias era bastante baixa. De fato, em nosso ano lá, creio que mataram apenas um esquilo — um nível de efeitos colaterais que julguei aceitável, em vista da alegria imensa que as caçadas proporcionavam aos três. Depois de cada perseguição, voltavam para perto de mim, arfando, de olhos brilhantes. Eu lhes dizia: "Ei, os cães do homem que escreveu *Animals Like Us* (Animais como nós) não podem se comportar desse jeito!"

Ao voltarmos para o jipe, os três estavam no bagaço — mas sobretudo Brenin, que deslizava suavemente da meia-idade para a velhice. Passava o resto do dia dormindo. Levá-lo para as aulas comigo já não era uma opção, pois eu não acreditava que, na idade em que estava, ele se ajustasse facilmente aos mistérios e vicissitudes do metrô de Londres. Quando eu saía, deixando os três juntos, dava um grande osso cozido para cada um, que eu comprava na pet shop da Broadway. Foi uma brecha temporária e parcial na dieta piscívora deles, decorrente da imperiosa necessidade de salvar da destruição a casa que eu alugara. Durante o ano, isso me custou uma fortuna — aqueles ossos custavam cinco libras cada — mas provavelmente saiu mais barato que construir uma nova cozinha para o proprietário. Por incrível que pareça, durante o ano que passamos lá, as meninas não fizeram nenhum estrago na casa. Mandei limpar os tapetes, ao sairmos, e juro que você não diria que algum cachorro habitara o imóvel. Não sei se o motivo foi o amadurecimento de Nina e Tess na hora certa. Ou talvez os grandes ossos os mantivessem entretidos. Ou talvez Brenin as mantivesse na linha. De qualquer forma, não fiz perguntas e atribuí o comportamento delas ao fato de que eu sempre tivera sorte na vida.

Assim, para meu alívio, deixei de presenciar o quadro de destruição ao chegar em casa. Certa vez, presenciei uma cena cômica — que chamei de *noite dos três cães empanturrados*. O título era incorreto, mas soava melhor do que noite das duas cadelas empanturradas e do lobo empanturrado. A culpa foi minha. Em Birbeck, só dávamos aulas no fim da tarde. Certa vez, depois da aula, marquei com alguns amigos no ULU — o bar da União dos Estudantes de Londres — para tomar algumas canecas de cerveja, o que não era habitual. Acabei voltando no último metrô e cheguei em casa numa hora indeterminada após a meia-noite. Os três haviam conseguido arrombar a porta da despensa, onde eu guardava a ração. Quando me arrastei ebriamente para dentro de casa, eles tentaram executar a dança habitual de apaziguamento e conciliação — que executavam sempre que sabiam ter feito alguma coisa que não me deixaria feliz. O que significava trotar até onde eu estava, com as cabeças baixas, orelhas para trás e os narizes próximos ao chão. Depois, agitavam as caudas de modo tão exagerado que pareciam rebolar. Nina e Tess executavam esta dança em uma base quase diária. O próprio Brenin não a desconhecia. Naquela noite, entretanto, a apresentação foi muito diferente — os três estavam empanturrados demais para executar a coreografia de modo convincente. Tentaram pular em mim, mas só conseguiram dar uns pulinhos cambaleantes. Tentaram executar o rebolado apaziguador. Mas rebolar fica difícil quando a largura do corpo está do mesmo tamanho que o comprimento. Logo, eles desistiram e desmoronaram no chão. Se eu estivesse sóbrio, é claro, poderia ter ficado preocupado com a posssibilidade de que eles viessem a sofrer algum dano permanente. Mas, do jeito que estava, apenas ri e fui dormir. Na manhã seguinte, eu disse:

— Vocês querem passear?

Esta pergunta era o início de nosso ritual diário. Eles responderiam pulando em torno da casa, uivando e, às vezes, empurrando-me com os narizes para me fazer andar mais depressa. Pela primeira vez em suas vidas, não houve reação. Suas cabeças permaneceram firmemente coladas no chão. Eles levantaram os olhos por alguns instantes, mas apenas, creio eu, para me implorar que eu não os obrigasse a fazer nada no estado em que estavam. Acho que o que estavam sentindo naquele dia era o que mais se aproximava de uma ressaca canina, com a qual eu me sentia solidário. Então os deixei dormir naquele dia, para curar a ressaca — não que eles fossem ser tão generosos comigo se as posições estivessem trocadas.

2

Jean-Michel, com 60 e poucos anos, era um velho bem-humorado. Gostava da vida. Bebia conhaque demais e fumava charutos demais. Mas talvez seu maior prazer na vida fosse pescar — foi como eu o conheci; ele costumava pescar na praia onde eu vivia. Chegava sempre atrasado ao trabalho — não um pouco atrasado, ele estava sempre muito atrasado. Mas isso não importava muito no sul da França, onde o vagar era um modo de vida. De qualquer forma, o negócio era dele. O negócio era uma clínica veterinária na cidade de Béziers. Meu encontro com Jean-Michel Audiquet deveu-se a uma virada de minha sorte — para melhor, totalmente inesperada e bastante implausível. Mas, na montanha-russa que era minha vida, algo ruim sempre seguia uma reviravolta desse tipo. Aquele ano não constituiu exceção.

Em primeiro lugar, vamos à parte boa. Londres não dera certo, na verdade, por eu ser tanto preguiçoso quanto antissocial. Eu dava minhas aulas, mas isso era tudo. Não fazia nenhum esforço para conhecer meus novos colegas, ou mesmo para mostrar meu rosto na universidade. Logo, fui apelidado de "fantasma". Mas não desperdicei totalmente meu tempo. Em Londres, dividi minha atividade de escritor em duas partes. Começava em torno das sete da noite. Nas primeiras quatro ou cinco horas, escrevia sobre filosofia séria. Por "séria", claro, quero dizer filosofia considerada sob um ponto de vista altamente técnico, de uma forma que só seria lida por algumas centenas de pessoas. Na vida acadêmica, se você conseguir alguns milhares de pessoas, você é uma estrela de primeira grandeza. Era o tipo de trabalho que aparece em periódicos especializados em filosofia, ou em livros publicados por universidades, como Oxford, Cambridge e MIT. Durante o resto da noite, após a meia-noite, quando o uísque começava realmente a fazer efeito, eu escrevia coisas bastante diferentes. O resultado foi um livro chamado *The Philosopher at the End of the Universe* (O filósofo no fim do universo) — uma introdução à filosofia através da utilização de famosos filmes de ficção científica como referência. Quem leu o livro não terá a menor dificuldade em acreditar que foi escrito em variados estágios de embriaguez. No entanto, para surpresa de todos — na maioria, editores — o livro vendeu muito bem. Na verdade, recebi o dinheiro da venda dos direitos autorais para o exterior muito antes que o livro fosse publicado na Inglaterra. Assim, não muito depois do fim da minha permanência em Londres, vi-me inesperadamente sentado em uma pilha de dinheiro — não uma pilha enorme, mas o bastante para me manter por algum tempo. Sem ter uma ideia real do que fazer com aquilo, mas farto da chuva incessante — juro que choveu durante todos os dias, enquanto vivi na Irlanda —, aluguei uma casa no sul da França e decidi tentar escrever em tempo integral. Mudamo-nos, portanto, para uma pequena casa no coração do Languedoc.

A casa ficava no limite de um vilarejo. Nas proximidades havia uma reserva natural absolutamente deslumbrante, formada pelo delta marítimo do rio Orb. A reserva era, em parte, uma laguna de água salgada: a *maïre*, como era chamada na área — uma palavra occitana que significa, mais ou menos, "atoleiro". A área estava repleta de touros negros, pôneis brancos e flamingos rosados, característicos da região. Todas as manhãs caminhávamos pela reserva e, depois, dávamos um mergulho na praia. Achei que Brenin e as meninas iriam gostar do estilo de vida francês, e não estava enganado.

Entretanto, cerca de um mês após a mudança, Brenin ficou doente. Eu havia notado uma certa letargia nele. Agora, em retrospecto, percebo que o problema começara antes de deixarmos Londres. No início, atribuí aquilo ao fato de ele estar envelhecendo. Mas quando começou a rejeitar seu jantar — eu tinha de persuadi-lo a comer —, levei-o direto ao veterinário, o único da região e uma das poucas pessoas que eu conhecia na França: Jean-Michel Audiquet. Eu não estava muito a fim de fazer essa visita. Jean-Michel não falava nenhuma palavra de inglês e, naquela época, o francês que eu aprendera na escola não estava à altura das necessidades de uma consulta médica, embora fosse apenas medicina veterinária. Mas nunca imaginei que fosse alguma coisa séria. Pensei que ele iria me dizer que Brenin simplesmente estava velho, estava fazendo calor, e Brenin, é claro, já não queria comer tanto quanto antes.

Felizmente, Jean-Michel levava seu trabalho muito a sério. Chegamos às 11 da manhã, em uma quarta-feira. Às 11h15 ele já estava com os exames de sangue prontos. Brenin entrou na faca às 11h30. No exame, Jean-Michel detectara um inchaço no abdome de Brenin. O inchaço revelou-se um tumor no baço, que estava, segundo ele me disse, a ponto de se romper. Ele removeu o baço de Brenin — ao que parece, é possível viver bem sem o baço. Fui para casa em estado de choque. Mas no fim da tarde, incrivelmente, Brenin já estava de pé, embora um tanto inseguro. Retornei à clínica para levá-lo para casa. Jean-Michel disse que não tinha visto outros sinais de câncer e, com sorte, aquilo poderia ser um tumor primário, não secundário. Os exames de sangue ficariam prontos em cerca de uma semana, e nós poderíamos saber mais. Eu deveria levar Brenin para casa, deixá-lo descansar e trazê-lo de volta à clínica em dois dias.

Com Jean-Michel, era sempre possível dizer se o tratamento estava indo bem, ou ao menos parecia estar indo bem, já que, em caso afirmativo, ele se dedicava a outro de seus passatempos favoritos: *fazer chacotas*. Como o idioma francês não era meu forte, eu não entendia a maioria das coisas que ele dizia. Portanto, as piadas que ele fazia às minhas costas não podiam ser sutis ou inteligentes demais. Ele me encarava com ar sério e dizia solenemente: *"Ce n'est pas bon."* Isso não está bom. E abanava a cabeça. Mas depois olhava para mim novamente, abria um grande sorriso, e dizia: *"C'est très bon!"* Isso está muito bom! Como meu francês era ruim, e eu tinha que me concentrar muito para processar o que ele estava dizendo, eu sempre caía na brincadeira.

Foi depois de nossa volta, dois dias depois da cirurgia, que as complicações começaram a aparecer. Saí do veterinário me sentindo um pouco mais feliz do que nos últimos dias. Jean-Michel fora muito positivo e eu estava começando a ter esperanças de que tudo pudesse acabar bem. Brenin já estava com dez anos e eu sabia que ele não viveria muito mais tempo. Porém, ainda não estava pronto para perdê-lo — como se algum dia pudesse estar pronto para isso. Mas estava começando a ter esperanças de que ele conseguisse escapar daquela situação.

De volta a nossa casa, ao ajudá-lo a descer do jipe, notei que seu traseiro estava coberto de sangue. Rapidamente, retornamos ao veterinário. Uma das glândulas anais de Brenin estava infeccionada, coisa que nem eu, nem Jean-Michel, tínhamos notado, até que o sangue começasse a escorrer. Por conseguinte, Brenin teve que passar pela indignidade de ter as ancas raspadas. Jean-Michel fez um corte na glândula anal, para drenar a infecção. Brenin foi submetido a um coquetel de antibióticos e voltamos de novo para casa. Foi lá que se iniciou o verdadeiro horror.

É de vital importância, Jean-Michel me informou, que a área seja mantida limpa. Isto significava que eu teria que limpar o bumbum de Brenin a cada duas horas com água morna e uma coisa a que ele se referia, segundo minha tradução, como "sabonete feminino". Ao que parece, é um produto francês — mas se encontra em qualquer farmácia. Então esta era mais uma das coisas que eu estava realmente morrendo de vontade para fazer: ir até a farmácia do vilarejo e perguntar à atraente mulher que ficava atrás do balcão — talvez acrescentando alguma mímica, caso o vocabulário e a gramática me falhassem — se ela tinha sabonete feminino. Depois de ter limpado cuidadosamente o traseiro do pobre Brenin, eu teria que dar uma injeção na glândula anal. Ou seja, pegar uma seringa, enchê-la com uma solução antibacteriana e enfiá-la na glândula, agora aberta e supurada, para injetar a solução. E teria que fazer isso a cada duas horas, noite e dia. A chave para a recuperação de Brenin, fui informado, era garantir que a infecção na glândula anal não se espalhasse, para não contaminar a ferida cirúrgica.

Jean-Michel me pediu para trazê-lo no dia seguinte. Foi o que fiz, após uma noite totalmente em claro. Quando cheguei à clínica, a outra glândula anal de Brenin também estourou, e havia sangue por toda parte. *"Mon Dieu"*, disse Jean-Michel, repetindo o processo do dia anterior — raspou o restante do traseiro de Brenin e fez um corte na glândula. Voltei para casa preparado para um longo fim de semana com a dupla função de limpar Brenin e lhe dar uma injeção a cada duas horas, dia e noite. E não poderia dormir muito entre cada aplicação. Brenin estava usando um colar cirúrgico de plástico, para impedi-lo de lamber as feridas. Obviamente, ele detestou aquilo e seu método favorito de manifestar seu desagrado foi bater com o colar nas paredes, mesas, televisores e qualquer outra coisa que encontrasse.

Brenin, é claro, não estava feliz com o tratamento que vinha recebendo. Conforme via as coisas, ele fora ao veterinário, na quarta-feira, sentindo-se ligeiramente indisposto; e agora estava sofrendo atrocidade após atrocidade, infligidas sobre ele a cada duas horas. E embora ele não estivesse tão forte como de hábito, ainda estava bastante forte. Não iria permitir que eu interferisse com seu traseiro se tivesse algum meio de evitá-lo. Assim, eu era obrigado a ir atrás dele, encurralá-lo e arrastá-lo pelo colar até onde deixara a tigela de água com sabão, esponja e seringa. Depois, forçava-o a se deitar e me sentava sobre ele. Ele se debatia até ficar fraco demais para lutar e, então, eu iniciava o ritual de lavagem e injeção. Enquanto fazia isso, Brenin gania. Ouvir aqueles ganidos foi uma das coisas mais difíceis que já tive que suportar.

Quando levei Brenin de volta ao veterinário, no que vim a chamar de Segunda-feira Negra — que se seguiu à Sexta-feira Negra, quando sua primeira glândula anal foi aberta, e ao Sábado Negro, quando a segunda glândula anal também foi aberta —, soube que sua ferida cirúrgica fora contaminada com a infecção das glândulas anais. Ele era agora um lobo muito, muito doente. O coquetel de antibióticos que Jean-Michel prescrevera não estava surtindo efeito. Na sexta-feira, Jean-

Michel colhera material e o enviara a um laboratório, para determinar o tipo de infecção bacteriana e, mais importante, a qual antibiótico iria responder. Mas os resultados só ficariam prontos dentro de alguns dias. Enquanto isso, tentamos outro antibiótico — ofloxacina —, que se mostrara exitoso com variedades resistentes de bactéria. Jean-Michel foi obrigado a reabrir a ferida cirúrgica, para remover o tecido infeccionado. A limpeza e as injeções no traseiro de Brenin, a cada duas horas, prosseguiram durante os dois dias seguintes. Mas, agora, eu tinha que fazer a mesma coisa em seu abdome, com uma seringa diferente.

Quando eu retornei com ele, na quarta-feira, as notícias eram más, porém não de todo inesperadas. Brenin tinha uma forma extremamente resistente de *E. coli*, semelhante em muitos aspectos ao estafilococo MRSA. A bactéria, presumivelmente, estava em seus intestinos antes da cirurgia; e seu sistema imunológico enfraquecido permitira que ela se desenvolvesse à vontade. O resultado era que Brenin, quase com certeza, iria morrer.

Em uma última cartada, Jean-Michel decidiu tentar um recurso da velha guarda, algo que realmente já não se fazia na era dos antibióticos. Você já deve ter ouvido falar de pessoas que têm os joelhos ou os ombros reconstruídos. Bem, o pobre Brenin passou pelo que, de fato, foi uma reconstrução de bumbum. Percebendo que o traseiro de Brenin estava nadando em bactérias, apesar de limpíssimo, e notando o inchaço na área sob as glândulas anais, Jean-Michel concluiu que o problema de Brenin, no momento, era que a evolução não fora muito eficiente na distribuição das glândulas anais. Elas poderiam ser muito boas na armazenagem de odores para demarcar território, mas eram muito menos eficientes na eliminação de infecções bacterianas. Assim, Jean-Michel passou a faca em Brenin, mais uma vez. E, se minhas habilidades tradutórias não me enganaram, moveu suas glândulas anais uns dois centímetros para o sul (e você pode imaginar a quantidade de mímica, de ambas as partes, e o número de esboços que tiveram que ser desenhados, para que a ideia me fosse transmitida). Não entendi bem os detalhes mecânicos, mas a ideia, segundo Jean-Michel, era que o líquido infeccionado fosse drenado naturalmente, em vez de se acumular. Mas ele — assim como eu — não tinha muitas esperanças.

3

Recolhi Brenin novamente, naquela noite, e o levei embora, para morrer em casa. É difícil explicar a sensação de isolamento, solidão e desespero daqueles dias. O verdadeiro horror não era a constatação de que eu iria perder Brenin. Tudo o que vive chega a um fim e — com exceção dos seis meses que ele passou encarcerado — eu estava feliz com a vida que ele levara. Acho que ele também. O horror da situação era o que eu tinha de fazer para tentar mantê-lo vivo. Suas feridas, claro, eram repugnantes: fediam a decadência e seu fedor permeava toda a casa. Mas o horror nada tinha a ver com isso. O horror estava no sofrimento que eu era obrigado a impor a Brenin: o sofrimento que eu tinha que infligir a ele a cada duas horas; um sofrimento que, quase com certeza, seria inútil. No centro desse sofrimento, penso, havia um certo tipo de solidão. Não a minha solidão — esta era irrelevante. Era a solidão do meu garoto.

Brenin estava aterrorizado — todos os meus esforços para confortá-lo não podiam mudar isso. É possível, também, que ele estivesse com muita dor — embora eu não tenha certeza disso. Mas tenho certeza de que a limpeza que eu estava fazendo em suas feridas, ainda a cada duas horas, dia e noite, doía muito. Meus esforços para limpá-lo e curá-lo eram inevitavelmente acompanhados de algo que ia de fracos gemidos a uivos de muitos decibéis. Eu achava que estava perdendo o amor de Brenin. Era um pensamento horrível, mas não conduzia ao cerne da questão. Se Brenin pudesse melhorar, eu não me incomodaria que ele me odiasse pelo resto da vida. Em minha psicose provocada pela falta de sono, esta foi uma das barganhas que fiz com Deus. A merda atingira o ventilador, mas meu filhote de lobo estava velho, e morrendo na minha frente. O verdadeiro horror era a ideia de que Brenin pensasse que tinha perdido o meu amor. Eu não parava de pensar que ele se lembraria dos últimos dias de sua vida como aqueles em que fora torturado pelo homem que deveria amá-lo. Eu o traíra, eu o abandonara. E eu não fora o único. Nina e Tess estavam amedrontadas com o colar plástico de Brenin. Quando ele se aproximava de onde elas estavam deitadas, elas se levantavam e iam para o outro lado da sala. Isso partia meu coração e creio que um pequeno pedaço permanecerá quebrado. As pessoas sempre dizem — quando estão tentando ser dramáticas — que todos nós morremos sozinhos. Se é verdade, não sei. Mas, embora seja fácil antropomorfizar esse tipo de situação, é difícil evitar a conclusão de que Brenin deve ter se sentido extremamente sozinho, traído, abandonado e mesmo maltratado pela matilha que sempre fora sua vida.

No que diz respeito à moral, sou um *consequencialista*. Acredito que, para que uma ação seja considerada certa ou errada, tudo depende de suas consequências. Sou dessas pessoas que acreditam que a estrada para o inferno está pavimentada com boas intenções. Sempre tive uma grande desconfiança com relação a intenções. Acho que as intenções são máscaras, frequentemente, e máscaras sob máscaras: pretextos que usamos para disfarçar a horrível verdade de nossas reais motivações. Eu disse a mim mesmo que faria por Brenin o que desejaria que alguém fizesse por mim, em circunstâncias semelhantes. Eu não o manteria vivo apenas por mantê-lo vivo, assim como não gostaria de ser mantido vivo apenas por permanecer vivo. Mas, se houvesse esperança de que pudesse me recuperar e ainda viver de forma plena e significativa, eu gostaria que lutassem por mim — mesmo se eu não compreendesse o que estavam fazendo. Portanto, disse a mim mesmo, eu lutaria por Brenin — mesmo que ele não compreendesse o que eu estava fazendo, e mesmo se não desejasse que eu fizesse aquilo. Era o que eu dizia a mim mesmo o tempo todo. Mas talvez, na realidade, eu apenas não estivesse preparado — não fosse forte o bastante — para enfrentar uma vida sem Brenin. Talvez minhas aparentemente nobres intenções — faça a Brenin o que gostaria que fizessem a você — fossem apenas uma máscara para encobrir meu despreparo. Quem poderá dizer quais eram minhas verdadeiras motivações? Quem poderá dizer se existe, de fato, uma coisa chamada verdadeira motivação? E, com sinceridade, que importância tem isso?

Ao forçar Brenin a sofrer daquela forma e, com toda probabilidade, a morrer daquela forma, eu estava colocando em jogo minha alma consequencialista. Estava fazendo com que o ser mais importante de minha vida, durante a última década, sofresse uma morte cheia de dor e medo; uma morte em que se sentia abandonado por aqueles a quem amava. Se Brenin morresse, minhas ações seriam imperdoáveis. Não haveria clemência para minhas ações — e nem deveria haver. Por outro lado, e se eu simplesmente desistisse? E se eu desistisse, quando Brenin poderia se recuperar? Nós nos agarramos tanto a nossas intenções, creio, porque as consequências são implacáveis. As consequências nos condenam quando fazemos algo; e também nos condenam, frequentemente, quando não o fazemos. Para nós, consequencialistas, apenas a sorte — a sorte cega — pode oferecer a salvação.

4

Brenin melhorou. Incrível, mas é verdade. Após mais ou menos um mês — não percebi com clareza o período exato — acordei de alguns minutos que conseguira dedicar ao sono e notei alguma coisa diferente nele. Eu não sabia dizer o quê, mas alguma coisa mudara. Agora percebo o que era: Brenin estava olhando para mim. Agora entendo que, no último mês, ele desviava os olhos de mim — talvez porque pensasse que, se encontrasse meu olhar, eu me lembraria de lhe infligir dor. Mas eu não sabia disso, na época. Meu primeiro pensamento foi: acabou. Eu já vira tanto cães quanto pessoas morrerem, e sabia que as horas que precedem a morte são, muitas vezes, marcadas por uma aparente recuperação — por algumas horas, o doente parece estar ficando mais forte, mas isto não passa de um sinal de que está para morrer. Mas Brenin não morreu. Nos dias que se seguiram, sua recuperação continuou, espalhando-se por seu corpo, como um boato em uma multidão, um boato que, lenta mas seguramente, se converteu em uma promessa diante de meus olhos. Seu apetite aumentou e sua força retornou. Em uma semana, estávamos prontos para nossa primeira caminhada em mais de um mês — um passeio curto até a reserva, para observar os flamingos. A lavagem das feridas e as injeções continuaram, é claro, e iriam continuar por diversas semanas. Mas a infecção fora debelada. E Brenin deixou de resistir aos meus cuidados; limitava-se a esperar pacientemente, até que eu fizesse o que tinha que ser feito.

Quando penso naqueles dias, é com uma forte sensação de irrealidade. Durante mais de um mês, as exigências do tratamento de Brenin quase não me deixaram dormir. A exaustão, às vezes, me fazia cair no sono, mas apenas por alguns minutos. Frequentemente, ao acordar, eu havia me esquecido de que Brenin estava doente. Mas então sentia o fedor de podridão em minhas narinas. E a situação, em seu horror e desespero, voltava a se impor sobre minha consciência. Depois de alguns dias assim, os delírios — provocados pela falta de sono — começaram a aparecer. Eram diversos, mas o mais comum deles era um em que eu morrera e estava no inferno. Por toda a eternidade.

Tertuliano, o mais maldoso e depravado dos primeiros cristãos — e isto não é pouca coisa —, via o inferno como um lugar onde todos os que não estavam salvos eram torturados por demônios, que lhes enfiavam forcados incandescentes nos traseiros e coisas assim. Os salvos, por outro lado, sentavam-se em camarotes no céu, rindo alegremente dos tormentos dos condenados. É difícil sentir outra coisa que não desprezo por Tertuliano e pelo profundo ressentimento que deveria ter dentro de si, para pensar no inferno nesses termos. O céu, para Tertuliano, era um lugar maligno, o que era apenas um reflexo de sua alma maligna. Mas, com relação ao inferno, acho a visão de Tertuliano até bem amena.

O inferno seria uma coisa muito pior se fosse um lugar onde você, em vez de ser torturado, tivesse que torturar aqueles a quem você mais ama. Você seria obrigado a fazer isso, mesmo que sentisse náuseas e a repugnância percorresse todo o seu ser, até os recônditos de sua alma. Você seria obrigado a fazer isso, embora ao custo da coisa mais valiosa para você: o amor de quem você ama. Mas você faz isso mesmo assim, porque — e aqui reside a genialidade do inferno — é para o próprio bem dos seres amados. O inferno lhe dá uma escolha e você faz isso, pois a alternativa é pior. Este é um inferno muito pior do que o de Tertuliano. Se eu estivesse neste inferno, eu trocaria de lugar com os condenados de Tertuliano em um piscar de olhos. Na época em que Brenin estava morrendo, eu pensava que aquilo era o inferno — ser forçado a torturar o lobo que eu amava porque era para o bem dele. Mas era um inferno estranho, da mesma forma que o céu de Tertuliano era estranho. O céu de Tertuliano era povoado com pessoas que odiavam. O meu inferno era povoado com pessoas que amavam. Gosto de pensar que as pessoas que odeiam nunca irão para o céu, e as que amam jamais irão para o inferno. Mas o consequencialista que existe dentro de mim não me deixa acreditar nisto.

5

As pessoas costumam dizer o tempo todo que amam seus cães. E tenho certeza de que é verdade. Mas acredite, até que você tenha limpado o traseiro fedorento, supurado e carregado de micróbios do seu cão, de duas em duas horas, durante mais de um mês, você de fato não tem como saber. Geralmente, pensamos no amor como um tipo de sentimento cálido e aconchegante. Mas o amor tem muitas faces e esta é apenas uma delas.

Com Brenin tão doente, fui assaltado por uma *mélange*, uma mistura casual de pensamentos, emoções e desejos, nenhum deles proeminente o bastante para ser chamado de amor. Na maior parte do tempo, me sentia como se tivesse levado um soco no rosto — sem fôlego, trêmulo, tonto e nauseado. Na maior parte do tempo, me sentia como se estivesse andando em areia movediça; era como se o ar ao meu redor tivesse se transformado em um caldo viscoso, que tornava impossível qualquer ação ou pensamento espontâneo. Mais do que tudo, eu me sentia entorpecido. A certa altura, quando eu tinha certeza de que Brenin iria morrer — não gosto de admitir isso, mas é verdade —, eu me sentia quase aliviado, pensando que, na próxima vez em que eu fosse limpá-lo e lhe dar a injeção, ele não acordaria, e talvez isso fosse o melhor.

Sentimentos, sentimentos, sentimentos: todos poderosos e quase esmagadores. Mas nenhum deles poderia ser identificado, de forma plausível, com o amor que eu tinha por Brenin. O amor em questão era o que Aristóteles chamaria de *philia*. É o amor à família, o amor à matilha. Distingue-se do *eros* — o desejo passional, o amor erótico — e do *agape* — o amor impessoal a Deus e à humanidade como um todo. Minha ligação com Brenin não era, posso assegurar, de modo nenhum erótica. E eu não amava Brenin do modo como a Bíblia diz que tenho que amar meu semelhante ou amar a Deus. Eu amava Brenin como um irmão. E este amor — esta *philia* — não é um sentimento de tipo algum.

Os sentimentos podem ser uma manifestação de *philia*, e podem acompanhá-la; mas não são a *philia*. Por que eu me sentia entorpecido e nauseado? Como poderia me sentir aliviado com a perspectiva da morte de Brenin? Porque eu o amava e fazê-lo sofrer tanto era quase intolerável — mas, graças a Deus, não totalmente. Tais sentimentos — diversos, discrepantes e desligados que possam ser — são todos manifestações desse amor. Mas o amor não é nenhum desses sentimentos. Há tantos sentimentos que podem acompanhar a *philia*, em contextos diferentes, que esta não pode ser identificada com nenhum deles — e pode existir sem nenhum deles.

O amor tem muitas faces. Se você ama, tem que ser forte o bastante para encará-las todas. A essência da *philia*, creio, é muito mais dura, muito mais cruel do que gostamos de admitir. Há uma coisa sem a qual a *philia* não pode existir; e que não é uma questão de sentimentos, mas de determinação. A *philia* — o amor adequado à matilha — é a determinação de fazer algo pelos membros da matilha, mesmo que, desesperadamente, você não queira fazê-lo, mesmo que fique horrorizado e doente, mesmo que, em última instância, tenha que pagar um preço alto por isso, talvez mais alto do que poderia suportar. Você o faz porque é o melhor para todos. Você o faz porque tem de fazer. Você pode nunca ter que fazê-lo. Mas deve estar sempre pronto para isso. O amor é às vezes doentio. O amor pode desgraçá-lo por toda a eternidade. O amor pode levá-lo até o inferno. Mas se você tiver sorte, se tiver muita sorte, o amor pode trazê-lo de volta.

8

A flecha do tempo

1

A última coisa que eu disse a Brenin foi: vamos nos encontrar novamente em sonhos. Foi quando o veterinário inseriu a agulha hipodérmica em uma veia de sua perna dianteira direita — me lembro da perna e da veia — e injetou uma quantidade letal de anestesia em seu corpo. Assim que terminei a frase, ele se foi. Gosto de pensar que ele já não estava lá. Gosto de pensar que ele estava no Alabama, aninhado na pelagem de sua mãe. Gosto de pensar que ele estava em Knockduff, com Nina e Tess, pulando através de oceanos de cevada, enquanto o tímido sol irlandês se erguia em um cenário de esplendor dourado. Gosto de pensar que ele estava com elas novamente em Wimbledon Common, disparando em meio aos bosques, perseguindo esquilos e aqueles coelhos velhacos. E gosto de pensar que ele estava com elas novamente, chapinhando nas ondas cálidas do Mediterrâneo. O câncer que se anunciara um ano antes retornara, desta vez irremediavelmente maligno e com metástase. Era um linfossarcoma, tratável nos humanos, mas, em função das vicissitudes da ciência veterinária, quase sempre mortal nos cães. Desta vez, vetei qualquer tentativa de salvá-lo com medidas invasivas, porque não acreditava que ele sobreviveria a uma cirurgia, para não falar das complicações pós-cirúrgicas. Fiquei chocado ao saber da morte de Jean-Michel, o veterinário cuja perícia o salvara — fora também vítima de câncer no ano que passara desde a primeira doença de Brenin. Quando o veterinário que o substituiu me deu a notícia, senti que a hora de Brenin também estava chegando.

Dei para ele o máximo de conforto possível e, pela primeira vez em sua vida, o deixei dormir na cama comigo — para o imenso desapontamento de Nina e Tess, que não conseguiam acreditar que eu as estava excluindo de um tratamento tão agradável e sem precedentes. Quando os analgésicos deixaram de fazer efeito e a dor de Brenin se tornou forte demais — em meu julgamento honesto, torturado e profundamente falível —, levei-o até Béziers para ser morto. E ele morreu ali, na parte de trás do mesmo tipo de jipe que dirigíamos pelo sudeste dos Estados Unidos havia tantos anos — em busca de jogos de rúgbi, festas, mulheres e cerveja.

Não pude enterrá-lo no jardim — os proprietários da casa, sem dúvida, fariam objeções. Assim sendo, enterrei-o em um lugar onde parávamos todos os dias, durante nossas caminhadas, uma pequena clareira cercada de faias e pequenos carvalhos. O terreno era arenoso e não demorei muito para cavar um buraco considerável. Depois de enterrar Brenin, ergui sobre o túmulo um monumento de pedras soltas, que recolhi na *digue* — o dique que defendia o vilarejo das ondas do mar, trazidas pelas tempestades invernais. Foi um trabalho longo e árduo, pois a digue ficava a cerca de 200 metros do local. Quando terminei, já era tarde da noite. Então, fiz uma fogueira de gravetos e decidi permanecer o resto da noite na companhia de meu irmão.

Esta é a parte da história que reluto em contar, pois — mais uma vez — fico parecendo um completo psicótico, o que eu era, sem qualquer dúvida. Nina e Tess me fizeram companhia, assim como duas garrafas de Jack Daniel's, que eu trouxera, sabendo que a noite logo cairia. Eu me mantivera sóbrio durante as últimas semanas, pois precisava ter a mente clara para tomar as decisões mais acertadas com relação a Brenin. Não poderia permitir que algum tipo de melancolia alcoólica me fizesse despachá-lo antes da hora; nem poderia permitir que algum tipo de euforia alcoólica me fizesse forçá-lo a se agarrar à vida, quando já não valia a pena viver. Foi a primeira vez, em muitos anos, que permaneci sóbrio mais que um ou dois dias. Eu estava determinado a interromper a estiagem naquela noite, de forma decisiva. Assim, após o enterro de Brenin, Nina e Tess permaneceram tranquilamente ao pé do fogo, ouvindo minhas imprecações raivosas contra o cair da noite, induzidas pelo *bourbon*. Quando já tinha consumido uma boa quantidade da segunda garrafa, o que começara como uma silenciosa ruminação a respeito da vida após a morte transformou-se em uma torrente de invectivas contra Deus. Alguma coisa como: "Venha, seu f...! Se a vida continua depois da morte, me mostre, seu f...! Me mostre agora!"

A parte que vem agora parece terrivelmente improvável, mas juro por Deus que é verdadeira. No exato momento em que disse isso, olhei através do fogo e o vi: o fantasma de Brenin, esculpido em pedra.

Quero enfatizar que isso é inexplicável. Quando construí o monumento, fui várias vezes até a digue para recolher pedras, que trazia até a clareira. Chegando lá, simplesmente as largava sobre o túmulo de Brenin. Todo esse processo levou cerca de cinco horas. Eu largava as pedras de forma casual. Tenho certeza disso. Não arrumei as pedras, apenas as larguei. Não segui nenhuma concepção mental do monumento. Pelo contrário, só queria terminar o trabalho e ficar espantosamente bêbado. Mas agora — bem ali —, olhando-me através das chamas estava o fantasma de Brenin, feito de pedra. A frente do monumento era sua cabeça: um pedaço de rocha em forma de diamante, o focinho repousando no chão, como ele costumava fazer; uma mancha de musgo parecia a ponta de seu nariz. O resto do monumento era um lobo enrodilhado, como se estivesse na neve — um hábito inculcado em Brenin por seus antepassados do Ártico, que ele achava difícil de quebrar, mesmo no calor do Alabama e do Languedoc durante o verão. Lá estava ele, no cúmulo de minha raiva, olhando para mim.

Psicanalistas — freudianos, junguianos e assemelhados — poderiam dizer que eu, inconscientemente, criei a imagem de um Brenin adormecido; que, ao largar as pedras sobre seu túmulo, fui guiado por um desejo inconsciente de criar um monumento com sua imagem. Talvez estejam certos, mas a explicação me parece bastante implausível — pois não explica o papel preponderante do acaso na construção do monumento. Ao carregar uma pedra até o montículo, eu não a arrumava lá; eu a largava e, imediatamente, ia em busca de outra. Algumas pedras permaneceram onde foram largadas, mas a maioria rolou para um ponto mais baixo. Se rolaram, e para onde rolaram, foi obra do acaso. E é aí que está a falha na história dos psicanalistas. Uma coisa é meu inconsciente controlar minhas ações, mas outra coisa, muito diferente, é meu inconsciente controlar o acaso.

Seria fácil explicar o fantasma de pedra como uma alucinação provocada pelo álcool, ou como conversa fiada. Seria ainda mais fácil dizer que foi um sonho. De fato, vou me encontrar com Brenin em sonhos. Mas o fantasma de Brenin não saiu do lugar. Dormi no chão, ao pé do fogo, e talvez tivesse morrido congelado depois que a fogueira se apagou, se um acesso de vômito não tivesse me acordado. Mas o fantasma de Brenin, feito de pedra, ainda estava lá, quando acordei. Ainda está lá até hoje.

2

O último ano de Brenin foi um presente para nós dois. Lembro-me daquele ano como um verão infindável. Nunca tive obsessão pelo tempo. Perdi meu relógio de pulso num jogo de pôquer em Charleston, na Carolina do Sul, em 1992, e jamais comprei outro. Não possuir um relógio não significa, é claro, estar livre das injunções do tempo — passo metade da minha vida perguntando às pessoas que horas são. Mas o melhor de ter morado na França foi ter levado a vida menos regulada pelas horas que se pode imaginar. Nós não vivíamos em função do relógio, mas do sol. Bem, a quem estou querendo enganar? Vivíamos, sim, em função do relógio, mas era o relógio de Nina, não o meu.

Eu acordava com o nascer do sol — no verão, isso acontecia em torno das seis da manhã. Eu sabia que o sol se levantara porque era o sinal para que Nina despertasse e começasse a lamber a mão ou pé que eu tivesse deixado fora do lençol. Se não houvesse nenhuma mão ou pé do lado de fora, ela remexia o lençol com o nariz, até que alguma das extremidades aparecesse. Desajeitadamente, eu descia a íngreme escadaria de pinho — minha morosidade matinal era o resultado de um joelho estourado durante meus dias de rúgbi — com o laptop nas mãos. Sentava-me na varanda na frente da casa e escrevia durante as primeiras horas da manhã, frescas e infestadas de mosquitos. Brenin ficava deitado na extremidade norte do quintal, curvado como se estivesse na neve, com o focinho pousado no chão. Nina, que controlava o cronograma da matilha, deitava-se perto do portão, com os olhinhos fixos em mim, aguardando o passeio habitual, que ainda demoraria algumas horas. Tess, a princesa da matilha, esperava até que eu estivesse imerso no trabalho e deslizava em silêncio para dentro de casa, para se enfiar em minha cama sem que eu me desse conta — o que geralmente conseguia.

Então, por volta de dez horas, antes que ficasse muito quente, Nina se levantava, vinha até onde eu estava e colocava a cabeça no meu colo. Se isto não provocasse a reação desejada — eu parar de digitar — ela ficava batendo com o focinho em meus braços, tornando impossível o prosseguimento do trabalho. A mensagem era inequívoca: hora de ir para a praia. Aquilo já não era mais um passeio, era uma operação militar. Primeiro, pegávamos as barracas e outras parafernálias de praia, como bolas e *frisbees*. Isto informava os outros membros da matilha de nossa iminente caminhada. O resultado era um coro de uivos, ganidos e latidos que informavam aos habitantes do vilarejo que estávamos de partida. O *frisbee* era para Nina, excelente e entusiástica nadadora. As barracas eram para Brenin e Tess. Eles chapinhavam um pouco na água e em dias sufocantes, quando o mar estava calmo e transparente, podiam ser convencidos a nadar. Mas realmente não gostavam de fazer isso. Às vezes nadavam até onde eu estava — em uma tensão que beirava o pânico claramente visível em seus rostos; mas, ao se aproximarem de mim, viravam-se e, imediatamente, nadavam de volta para a areia. Era lá que preferiam passar a maior parte do tempo. Quando me cansei de observá-los arquejando sob o sol, cada vez mais quente, comprei uma barraca para cada um. Em retrospectiva, percebo que tinha me tornado um tanto "estranho" naquele período de minha vida — assim como uma velha cheia de gatos é estranha. Pelo lado positivo, os numerosos ladrões que infestavam as praias francesas durante os meses de verão sempre mantinham de nós uma distância cautelosa. Assim como os outros cães.

Durante a caminhada até a praia, havia determinadas coisas que tinham de ser feitas em determinada ordem e de certa maneira. Os cães da vizinhança eram cumprimentados e, quando necessário, intimidados de forma apropriada: primeiro Vanille, a setter inglesa, que era intimidada por Nina, com Tess atuando como fiel escudeira; mas que era cumprimentada por Brenin de modo amigável, embora um tanto indiferente; então, era a vez de Rouge, o ridgeback, que via Brenin urinar na cerca de seu quintal, mas que era saudado com entusiasmo quase efusivo por Nina e Tess; finalmente, vinha a dogo argentina que mencionei no início, cujo nome nunca descobri e que, uma vez, cometeu o erro de atacar Tess. Em represália, Tess lhe reservava um tratamento especial: guardava os primeiros movimentos intestinais da manhã para quando estivéssemos perto da casa dela. Ato contínuo, depositava seus dejetos tão próximo à cerca da casa quanto era humanamente possível — ou melhor, caninamente possível. Pensando melhor no assunto, talvez fosse por isso que a dogo sempre tentava me morder.

De modo geral, Tess era mestre na distribuição tática de fezes. Certa vez, quando vivíamos em Wimbledon, estávamos caminhando pelo campo de golfe e ela conseguiu, com assombrosa precisão, fazer cocô exatamente em cima de uma bola de golfe que aterrissara nas proximidades. Meu comentário — "Foi uma tacada de mestre" — não serviu para apaziguar os membros do London Scottish Golf Club, quase tão enraivecidos quanto incrédulos.

Depois das últimas casas do vilarejo, entrávamos nos vinhedos — que nada mais produziam; tinham sido abandonados em função do terreno salobro e das tempestades frequentes. Chegávamos então ao *maïre*, que ia da *digue* até a extremidade norte da praia. Nas épocas apropriadas do ano, o *maïre* ficava coberto de flamingos rosados — os *flamants roses*, como eram conhecidos na bela língua francesa. Se algum deles se aventurasse até a beirada do *maïre*, Nina e Tess lhe davam uma boa corrida, até que voasse de volta aos seus legítimos domínios. Por sorte, nenhuma delas jamais chegou perto de capturar um flamingo. Enquanto elas corriam inutilmente, Brenin olhava para mim como se dissesse: "A juventude de hoje. Se eu fosse uns anos mais jovem..."

A flecha do tempo

Assim que chegávamos à praia, Nina corria diretamente até a água e começava a pular, reclamando seu *frisbee* em alto e bom som. A presença de cães na praia era proibida durante o verão — embora ninguém tivesse mencionado os lobos. Mas os franceses, como se sabe, são famosos por tomarem as leis do país como sugestões, em vez de exigências; eram raras as ocasiões em que se fiscalizava o cumprimento da lei. Geralmente, a praia ficava atapetada de cães. Os *gendarmes* apareciam de vez em quando e multavam as pessoas de forma espalhafatosa. Mas nos afastávamos deles assim que os víamos, pois sabíamos que não gostavam de andar muito. Entretanto, fomos apanhados algumas vezes — uma amolação que tinha menos a ver com o valor da multa do que com o sermão que você tinha que ouvir antes de ser multado. Mediante uma combinação de sorte, agilidade e fingida estupidez, conseguimos reduzir o valor das multas de todo o verão a um total de mais ou menos 100 euros.

Depois da praia, antes que tudo fechasse para o almoço — mais uma vez era Nina quem nos dizia quando era hora de partir —, andávamos até uma *boulangerie* no vilarejo. Eu dividia entre eles alguns *pains au chocolat*. A divisão seguia sempre um ritual perfeitamente definido. Saíamos da *boulangerie* e andávamos até um banco de pedra alguns metros à frente. Eu me sentava, abria o saco de papel e arrancava pedaços do *pain* que servia a um de cada vez, tentando evitar as copiosas quantidades de saliva que voavam na minha direção. Nadar dá fome. Íamos então até o bar da Yvette, onde eu tomava uma quantidade enorme e desaconselhável de copos de vinho *rosé* — a bebida favorita, durante o dia, no Languedoc — enquanto Yvette, que adorava cães, servia-lhes uma tigela com água e fazia festas em Brenin. Depois disso, voltávamos para casa, contornando o vilarejo e atravessando o bosque que cercava a casa.

Ao chegarmos em casa, procurávamos sombras para fugir do calor do dia. Eu voltava a escrever. Naquela hora do dia, o interior da casa era quente demais para Tess, que então se deitava aos meus pés, sob a mesa da varanda. Nina preferia a parede mais distante da varanda, que recebia sombra durante a maior parte do dia. Como a parte norte da varanda ficava ensolarada, naquela hora, Brenin subia para o terraço da casa, onde procurava a parte sombreada. Isso lhe dava uma ótima vista dos campos circundantes e, mais importante, uma visão antecipada de qualquer coisa interessante que se aproximasse. Começávamos a nos mexer quando as sombras se alongavam, em torno das sete horas. Primeiro, eu preparava o jantar para as criaturas de quatro patas. Depois, alguns aperitivos para a criatura de duas patas. Íamos então dar uma caminhada que, geralmente, terminava no La Réunion, nosso restaurante favorito.

Eu digo "nosso" — em vez de "meu" — restaurante favorito conscientemente. Eu ia lá para jantar. Brenin e as meninas, para o segundo jantar. Lionel e Martine, os proprietários, sempre nos reservavam uma das grandes mesas redondas do canto, onde havia bastante espaço para os cães se esticarem. Eu dava conta de uma refeição de quatro pratos. De cada prato, uma cota nada insignificante ficava com os animais. Como sabem todos os que moram na França, é impossível ser vegetariano em um país como esse. Quando pela primeira vez mencionei a Lionel minhas restrições alimentares, ele me olhou sem entender e sugeriu frango. Por conseguinte, naquela época, acompanhei Brenin e as meninas, e me tornei piscívoro. Eu costumava iniciar com uma salada Saint Jacques, que era bastante opulenta e continha dez vieiras. Três delas ficavam com o contingente canino. No segundo prato, a cota eram três tiras de salmão defumado. A maior parte da pele, rabo e cabeça da *sole meunière* era também retirada do terceiro prato e destinada aos animais. E, no final, eu ganhava um crepe extra, para ser dividido entre eles — contribuição de Lionel para a refeição canina da noite. Evidentemente, eu reservava o vinho e o *marc de muscat* — um tipo de conhaque feito com uva moscatel — apenas para mim. Depois, íamos para casa, caminhando tranquilamente pela orla da *digue* — eu, agradavelmente bêbado; meus amigos caninos, empanturrados. Sempre dormíamos bem.

Assim transcorreram todos os dias de verão, durante o último ano da vida de Brenin. O verão no Languedoc é longo e muito bonito. O inverno, é claro, nos forçava a determinados ajustes. Tragicamente, La Réunion fechava entre meados de novembro e meados de março — Lionel e Martine trabalhavam em estações de esqui durante estes meses. Já não nadávamos muito — se não Nina, pelo menos eu. Nina me permitia dormir até as oito da manhã. E, durante as manhãs, passei a escrever dentro de casa. Minha permanência no bar da Yvette começou a se prolongar — já que eu não tinha aonde ir à noite. Mas a configuração básica do dia — sua essência — permaneceu a mesma.

Durante todo esse tempo — verão e inverno — era Nina quem controlava nosso cronograma. Tinha motivação para isso: algo que ocorrera no início de nossa estadia na França — um acontecimento tão sombrio e trágico que, mesmo agora, anos mais tarde, acho que ainda a assombra. Foi minha culpa e assumo toda a responsabilidade. Não sei se fiquei trabalhando no laptop até muito tarde, naquele dia, ou talvez tenha me demorado demais nas agradáveis águas frias do Mediterrâneo. Seja qual for a razão, quando chegamos ao vilarejo, naquele dia... a *boulangerie* estava fechada para o almoço dos proprietários. E o almoço é uma coisa demorada e maravilhosa no Languedoc.

Objetivamente — e é fácil para mim adotar essa atitude — não foi uma coisa muito grave. Eu só precisaria passar mais uma hora no bar da Yvette — o que fiz com alegria. A *boulangerie* reabriria às quatro da tarde. Mas encarar de forma objetiva assuntos relacionados à comida nunca foi o forte de Nina. Nem aceitar atrasos no horário dos petiscos. A hora que ela passou no bar da Yvette naquele dia foi de agonizante perplexidade e angústia existencial do tipo mais debilitante (desnecessário dizer que o bar da Yvette não trabalhava com comida). Ela andou o tempo todo de um lado para outro, com um fulgor enlouquecido nos olhos. As coisas não estavam acontecendo como deveriam. Foi uma hora longa e sombria, que permaneceu em sua alma.

Às quatro da tarde, é claro, o mundo voltou a fazer sentido e o dia pôde retomar seu curso normal. Mas, depois disso, Nina passou a ser motivada por dois temores: o temor de que a *boulangerie* estivesse fechada, quando ela chegasse lá, e o medo de não ir ao La Réunion. Que Deus me livrasse, se eu fizesse um percurso diferente até o restaurante, à noite. Assim que chegássemos a algumas centenas de metros do lugar, ela iria para lá de qualquer forma, quer o restante de nós a acompanhasse ou não.

Foi somente mais tarde — depois que Brenin morreu e me mudei da França — que realmente percebi como aquele ano da minha vida foi maravilhosamente uniforme. Mas talvez não tenha sido mais que uma sequência do tipo de vida que nos deliciava na Irlanda e em Londres. Quase todo mundo que eu conheço descreveria esta vida — regular e repetitiva — como monótona, e até mesmo tediosa ao extremo. Entretanto, aprendi muito naquela época. A chave para o que aprendi está em uma pergunta enganadoramente simples: o que Brenin perdeu, depois que morreu?

3

Deve estar bastante claro que eu — um louco uivando para a lua e vociferando contra Deus — perdi muito com a morte de Brenin. Algumas pessoas diriam — como me disseram — que isso foi uma decorrência da vida triste e solitária que eu levava durante aqueles anos. Talvez seja verdade. Mas não estou interessado no que eu perdi; estou interessado no que Brenin perdeu.

Em que sentido a morte é uma coisa ruim? Não para as outras pessoas, mas para a pessoa que morre? Em que sentido a sua morte seria uma coisa ruim para você? A morte, seja o que for, não é uma coisa que ocorra dentro de uma vida. Wittgenstein disse uma vez que sua vida não tinha um limite, da mesma forma que seu campo visual não tinha um limite. Obviamente, ele não queria dizer que nós viveríamos para sempre — o próprio Wittgenstein morreu, também de câncer, em 1951. Em vez disso, ele estava salientando que a morte é o limite de uma vida; e o limite de uma vida não é uma coisa que possa ocorrer na vida, assim como o limite de um campo visual não é uma coisa que possa ocorrer dentro do campo visual. O limite do campo visual não é uma coisa que se vê: temos consciência dele exatamente pelo que não vemos. Os limites são assim: o limite de uma coisa não faz parte daquela coisa — se fizesse, não seria o seu limite.

Se aceitarmos isso, estaremos imediatamente diante de um problema: parece que a morte não pode ser prejudicial à pessoa que morre.

A flecha do tempo

A versão clássica deste problema foi estabelecida 2 mil anos antes de Wittgenstein por Epicuro, antigo filósofo grego. A morte, argumentava Epicuro, não pode nos fazer mal. Enquanto estamos vivos, a morte não aconteceu e, portanto, não pode nos ter feito nenhum mal. E quando morremos — já que a morte é o limite de nossas vidas, não um evento dela — já não estamos presentes para que ela possa causar mal. Portanto, a morte não pode ser uma coisa ruim, pelo menos para a pessoa que morre.

O que há de errado com a argumentação de Epicuro? De fato, há alguma coisa errada nela? Entre os humanos, ao menos, existe um consenso quase universal de que há alguma coisa errada com ela. E parece que também existe um consenso substancial a respeito do motivo: a morte nos faz mal pelo que nos priva. É o que os filósofos chamam de mal de privação. Mas esta é a parte fácil. A parte difícil está na compreensão do que a morte nos priva, e de como pode subtrair-nos algo quando já não estamos vivos para que algo nos seja subtraído.

Não adiantaria muito responder a essas perguntas dizendo que a morte nos faz mal porque tira nossas vidas, pois, se Wittgenstein estiver certo, e a morte for o limite de nossas vidas — não ocorrendo, portanto, dentro delas —, vida é exatamente o que não temos quando a morte ocorre. Mas só podemos ter alguma coisa tirada de nós se realmente a possuirmos. Então, como pode a morte nos privar de uma coisa que já não temos?

Uma resposta mais promissora, creio, são as possibilidades. A morte nos faz mal porque nos tira todas as possibilidades. Mas, no final, tampouco penso que essa ideia possa funcionar. Parte do problema é que as possibilidades são diversas; há possibilidades demais e nada em nenhuma delas que as faça, intrinsecamente, minha ou sua. Entre as possibilidades que tenho estão algumas que não me despertam interesse. É possível que eu me torne funileiro, alfaiate, soldado ou marinheiro; é possível que eu me torne mendigo ou ladrão. Mas não tenho interesse em seguir, ou tentar seguir, alguma dessas possibilidades. Pode ser que eu morra amanhã, ou daqui a cinquenta anos. Mas tenho muito mais interesse nesta última possibilidade do que na primeira. Existem possibilidades aos montes. Cada um de nós tem um número infinito de possibilidades — ou, pelo menos, um número imenso e indefinido. Mas só estamos interessados em uma minúscula fração delas. Na verdade, nem temos consciência da maior parte de nossas possibilidades.

Mais do que isso: desejamos ardentemente que algumas delas jamais se realizem. É provável que a maioria de nós não faça muita questão de se tornar mendigo ou ladrão. É possível que algum de nós se torne assassino, torturador, pedófilo ou louco. Alguma coisa só é possível se não houver contradição na suposição de que aconteça: esta é a definição de possibilidade. Assim, mesmo que você considere improvável a realização de algumas dessas possibilidades, elas ainda são possíveis. Algumas delas, desejamos que se realizem. Outras, rezamos para que não se realizem. Entre nossas possibilidades estão algumas que aceitaríamos e outras que rejeitaríamos com veemência. Duvido que a morte possa nos fazer mal ao nos privar de possibilidades pelas quais não temos interesse. E tenho certeza de que não pode nos fazer mal ao nos privar de possibilidades que rejeitamos com todas as nossas forças. Em alguns casos, poderíamos preferir a morte à concretização das possibilidades. A morte não pode nos fazer mal ao nos privar delas.

Entretanto, o conceito de possibilidades nos leva a uma direção mais promissora. Apenas algumas de nossas possibilidades são relevantes para a privação provocada pela morte: são aquelas que desejamos que se realizem. A cada uma dessas possibilidades corresponde um desejo: o desejo de que a possibilidade se realize. Se for um desejo sincero, mas não pudermos satisfazê-lo imediatamente, então é possível que façamos dele nossa meta. Se esta meta for difícil de atingir, talvez venhamos a gastar muito tempo e energia para alcançá-la. Será em termos de desejos, objetivos e projetos, a meu ver, que os humanos inevitavelmente irão tentar entender por que a morte é ruim para a pessoa que morre.

Parece que não fizemos nenhum progresso em relação ao problema de Epicuro. Se a morte é o limite da vida, e não algo que ocorra na vida, quando ela ocorre já não estamos vivos para sermos privados de alguma coisa — inclusive desejos, objetivos e projetos. No entanto, desejos, objetivos e projetos têm algo em comum, algo fundamental no problema de Epicuro. São todos orientados para o futuro: pela própria natureza, fazem-nos ultrapassar o presente e nos dirigem para o futuro. É por termos desejos, objetivos e projetos que temos um futuro: um futuro é alguma coisa que temos agora, no presente momento. A morte nos faz mal ao nos privar de um futuro.

4

A ideia de alguém perder um futuro, quando pensamos no assunto, é algo muito estranho. A estranheza advém do fato de que a ideia de futuro é, em si mesma, estranha. O futuro ainda não existe. Então, como podemos perdê-lo? De fato, você só pode perder um futuro se, de certa forma, tiver um. Mas como você pode ter alguma coisa que ainda não existe? Isso demonstra, no mínimo, que as ideias de ter e perder, neste contexto, possuem significados diferentes do que quando ocorrem em outros contextos, mais comuns. É possível termos um futuro, mas não no sentido de termos ombros largos ou um relógio Rolex. Se um assassino nos priva de um futuro, o sentido de privação envolvido é muito diferente daquele que existe quando a idade nos priva de nossos ombros largos, ou um ladrão rouba nosso relógio.

Se a morte é ruim para nós porque nos priva de um futuro, o futuro deve ser alguma coisa que temos agora, no momento presente. Temos um futuro porque — agora e de fato — alimentamos expectativas que nos direcionam ou nos ligam a ele. Estas expectativas são desejos, objetivos e projetos. Cada um de nós, como disse Martin Heidegger, é um ser direcionado para o futuro. Cada um de nós, em nossa natureza essencial, é orientado para um futuro que ainda não existe. E neste sentido, pelo menos, pode-se dizer que temos um futuro.

Vamos começar com os desejos. A característica mais básica de nossos desejos é que podem ser satisfeitos ou frustrados. O desejo de Brenin por água poderá ser satisfeito se ele atravessar a sala e bebê-la na sua tigela. Será frustrado se ele chegar lá e encontrar a tigela vazia. Satisfazer um desejo, entretanto, leva tempo. Assim como, geralmente, um desejo leva tempo para ser frustrado. Brenin leva algum tempo para atravessar a sala e ir até sua tigela; portanto, leva tempo para que seu desejo seja satisfeito ou frustrado. Esse é um dos sentidos, o mais básico, em que os desejos são orientados para o futuro: satisfazê-los leva tempo. O mesmo se pode dizer, obviamente, dos objetivos e projetos, ambos essenciais para os desejos a longo prazo. Os desejos podem ser satisfeitos ou frustrados; objetivos e projetos podem ser ou não concretizados. Satisfazê-los e concretizá-los leva tempo.

Entretanto, há um sentido mais complexo no que se refere à possibilidade de termos um futuro. Um desejo, objetivo ou projeto pode ser orientado em direção ao futuro de duas formas muito diferentes. Assim como o desejo de Brenin por um gole de água, o desejo pode nos conduzir em direção a um futuro em que a satisfação do desejo leve tempo. Se Brenin quiser satisfazê-lo, deverá perseverar além do momento presente — deverá sobreviver pelo menos durante o tempo necessário para atravessar a sala. Alguns desejos, no entanto, exigem uma conexão mais forte e intimidante com o futuro. Envolvem um conceito explícito de futuro. Atravessar uma sala para beber água é uma coisa. Planejar sua vida de acordo com o futuro desejado é outra, completamente diferente.

Com relação aos outros animais, nós, humanos, gastamos uma quantidade desproporcional de tempo fazendo coisas que, sob determinados aspectos, não queremos realmente fazer. Só o fazemos movidos por uma visão de como gostaríamos que fossem nossas vidas futuras. Esta é a real finalidade de nossa árdua travessia através do sistema educacional e das subsequentes carreiras. Todos sabemos como estas últimas podem ser ingratas; e mesmo eu, educador profissional, não posso fingir que o sistema educacional seja um mar de rosas. Mas passamos por tudo isso, seja lá como for, porque temos desejos de algum tipo. São desejos que não podem ser satisfeitos agora, ou no futuro imediato, mas se formos talentosos o bastante, sortudos o bastante e se trabalharmos duro o bastante, serão satisfeitos em algum momento indefinido do futuro. Nossas atividades atuais — educativas, vocacionais e, muitas vezes, secundárias — são concebidas, implementadas e orientadas segundo a visão de um futuro que elas podem nos assegurar. Para ter esses tipos de desejos, você precisa de uma concepção do futuro: tem de ser capaz de pensar sobre o futuro como futuro.

A flecha do tempo

Portanto, ao que parece, nosso futuro pode ter dois sentidos diferentes. Um deles é implícito: tenho desejos cuja satisfação leva tempo. O outro é explícito: estou orientando ou organizando minha vida em torno de uma visão do futuro que eu gostaria de ter. Entretanto, quando o primata em nós vê uma diferença, também vê uma vantagem em potencial. Primeiro, o primata identifica qual sentido se aplica mais naturalmente ao seu caso. Depois, alega que este sentido é superior ao outro. Acredite, eu sei: eu sou esse primata.

É o segundo sentido do futuro que parece característico dos seres humanos. Não há indícios claros de que outros animais passem tanto tempo, se é que passam algum, orientando seu comportamento em torno de uma concepção de como gostariam que fosse o seu futuro. Conviver com a recompensa tardia parece ser um traço de personalidade que, embora não seja exclusivo dos humanos, é certamente mais pronunciado neles que em qualquer outro animal. É quando o primata em nós desliza naturalmente de uma constatação factual para uma avaliação moral baseada nela. Inevitavelmente, achamos que o segundo sentido de futuro é superior ao primeiro. Claro, somos animais espertos e podemos fundamentar tal alegação. No segundo sentido — em que organizo minha vida e a mim mesmo em torno de uma visão ideal do meu futuro —, estou ligado ao futuro de modo mais estreito. Meu futuro tem um sentido mais forte, robusto e importante do que o futuro de qualquer outro animal não humano. Imagine dois atletas, um deles esforçado e dedicado, e outro, um preguiçoso de talento. Ambos fracassam nas Olimpíadas, em que não conquistam medalha alguma. O primeiro atleta, cuja vida foi forjada mediante férrea disciplina e dedicação impecável, parece ter perdido mais que o segundo, que nunca realmente se esforçou. A perda do primeiro atleta foi maior porque seu investimento — tempo, esforço, energia e emoção que colocou no que estava fazendo — foi maior. O que você perde quando morre é uma função do investimento que você fez na vida. Como os humanos são capazes de conceber o futuro, e assim podem disciplinar, organizar e orientar seu comportamento segundo o futuro que desejam ter, eles fazem um investimento em suas vidas muito maior do que outros animais. Portanto, os humanos perdem mais quando morrem do que outros animais.

Morrer é pior para um humano do que para qualquer outro animal. Inversamente, a vida de um humano é mais importante que a de qualquer outro animal. Esta é apenas mais uma faceta da superioridade humana: perdemos mais quando morremos.

5

Eu acreditava nisso. De fato, o assunto dos dois últimos parágrafos foi desenvolvido por este que vos fala — primata que sou — em *Animals Like Us* e, um tanto mais superficialmente, em *The Philosopher at the End of the Universe*. Agora me envergonho de minha falta de discernimento e meus horríveis preconceitos símios. Investimento: querem coisa mais simiesca? Um erro fatal, que vejo agora, não se aplica ao raciocínio em si. Acho que os humanos são compelidos a pensar na morte como um mal provocado pela privação: ou seja, somos compelidos a pensar que a morte é uma coisa ruim porque nos tira algo. Não acho que estejamos certos, necessariamente, quando pensamos desse modo, mas não acredito que sejamos capazes de pensar de qualquer outro modo. Alguns de nós, claro, acreditam que a morte não é o fim — mas apenas uma transição para uma nova forma de existência, uma vida após a morte. Quem sabe? Podem ter razão. Mas não estou preocupado com essa questão. Estou preocupado em descobrir se nossa morte é uma coisa ruim — para quem morre. E não interessa como ou quando o final ocorre. Se você acredita em alguma forma de vida após a morte, você deve acreditar em almas ou em Deus. E Deus, por ser onipotente, pode destruir as almas. Se Deus fizesse isso com você, presumivelmente seria o seu fim. Assim sendo, isso seria uma coisa ruim — uma coisa ruim para você? Esta é a questão essencial que me interessa: a relação entre nós e nosso fim, qualquer forma que este venha a tomar.

Mas suponhamos que a história seja verdadeira: os humanos perdem mais quando morrem — ou quando encontram seu fim, seja lá qual for — do que os outros animais. A morte é uma tragédia maior quando ocorre com um ser humano do que quando ocorre com um

A flecha do tempo

lobo. O erro é pensar que isso quer dizer que os humanos levam uma vida superior. O fato de perdermos mais quando morremos não constitui uma indicação de superioridade; pelo contrário, é um indício de nossa desgraça. Isso porque, incorporada à nossa avaliação da morte, está uma certa concepção de tempo. E incorporada a esta concepção de tempo está uma visão do significado da vida.

A concepção de tempo subjacente à avaliação da morte que apresentei é familiar: a flecha do tempo. O futuro é algo que na verdade — e não apenas possivelmente — temos agora, no momento presente (seja lá o que isto signifique). E temos um futuro porque de fato alimentamos expectativas — agora — que nos orientam para esse futuro: desejos, objetivos, projetos. Imagine isso como flechas disparadas em direção ao futuro. Algumas destas setas nos direcionam para o futuro apenas de forma implícita: é preciso tempo para que atinjam o alvo. Para satisfazer um desejo, você tem que sobreviver tempo suficiente para que a flecha deste desejo atinja seu alvo. Os desejos dos lobos e dos cães são assim. Entretanto, algumas setas são diferentes. Algumas são flechas incendiárias que penetram nas trevas do futuro e iluminam este futuro para nós. Em analogia com elas, estão os desejos, objetivos e projetos humanos, que nos guiam em direção ao futuro, explicitamente, mediante uma concepção aberta de como esse futuro será. A morte prejudica qualquer criatura ao interromper o curso da seta de seus desejos. Mas a morte prejudica mais aquelas criaturas cujas flechas são incendiárias.

É por meio desse tipo de metáforas que nós, humanos, compreendemos o tempo. Pensamos no tempo como uma flecha cujo voo a transporta do passado até o futuro, passando pelo presente. Podemos também pensar no tempo como um rio, fluindo do passado para o futuro. Ou como um navio navegando no passado, atravessando o presente e se dirigindo a um futuro distante e desconhecido. Estamos envolvidos nesse fluxo de tempo porque somos seres temporais. As flechas de nossos desejos nos puxam para dentro da corrente temporal e nos mantêm dentro dela — assim como fazem com outros animais. Mas, ao contrário dos outros animais, nossas setas podem, até certo ponto, iluminar essa corrente — transformando-a em algo que pode ser visto, compreendido e talvez moldado.

Tudo isso, claro, são metáforas, apenas metáforas. E mais, são metáforas espaciais. Como Kant notou, entre muitos outros, todas as vezes que tentamos entender o tempo, somos sempre levados a uma analogia com o espaço. Mais do que isso, no entanto, estas metáforas trazem consigo uma certa concepção do que é importante na vida: o significado da vida.

As metáforas sugerem uma visão do significado da vida como algo em cuja direção nos devemos mirar; ou como uma direção que devemos seguir. O presente está sempre escapando — é a flecha do tempo, viajando constantemente de um lugar para outro. Portanto, se o significado da vida está atrelado a momentos, também estará sempre nos escapando. O significado de nossas vidas, pensamos, deve estar atrelado a nossos desejos, objetivos e projetos — deve ser uma função deles. O significado da vida é alguma coisa em direção à qual podemos avançar; alguma coisa a ser alcançada. E, como todas as realizações importantes, não é alguma coisa que possa acontecer agora, mas apenas mais à frente.

Entretanto, também sabemos que mais à frente não iremos encontrar significado, mas sua ausência. Se seguirmos em frente tempo suficiente, não encontraremos significado, mas morte e decadência. Chegamos ao ponto onde o curso das nossas flechas é interrompido. Encontramos o final do significado. Nós somos, cada um de nós, seres direcionados para o futuro; e assim esperamos encontrar um significado para nossas vidas. Mas também somos direcionados para a morte. A flecha do tempo é tanto nossa salvação quanto nossa desgraça. Somos, ao mesmo tempo, atraídos e repelidos pelo curso da seta. Somos criaturas que atribuem significados — nossas vidas têm um sentido que, pensamos, as vidas de outros animais não podem ter. Somos seres orientados para a morte, seres que têm uma noção da morte que, acreditamos, nenhum outro animal pode ter. Tanto o significado quanto o final de nossas vidas será encontrado mais adiante. O final nos fascina e nos horroriza. Esse é, fundamentalmente, o problema existencial dos seres humanos.

6

Vou citar "O Corvo", o poema de Edgar Allan Poe: "nunca mais". Talvez os corvos possuam o conceito de "nunca mais". Os cães, desconfio, não o têm. Nina amava Brenin. Cresceu com ele desde que era uma filhotinha. E gostava de passar cada segundo na companhia dele. Verdade seja dita que, quando chegamos à França, talvez mesmo ainda em Londres, Brenin já não lhe parecia, nem remotamente, tão interessante quanto Tess. O interesse de Nina em outros cães, ou lobos, era em função do quanto estes se engalfinhariam com ela. Quando chegou à França, Brenin já não apreciava mais as brincadeiras de lutas. Apesar disso, ela era sempre afetuosa com ele, cumprimentando-o com uma grande lambida no nariz sempre que não o via há mais de uma hora.

Portanto, fiquei um tanto surpreso quando trouxe o corpo de Brenin de volta do veterinário. Nina cheirou-o de leve e voltou suas atenções para a brincadeira com Tess, aparentemente mais interessante. Brenin não estava mais ali: estou convencido de que Nina compreendia isso. Também estou convencido de que ela não conseguia entender que Brenin nunca mais estaria ali.

Nós, humanos, tendemos a achar que isso é uma prova da inferioridade básica da inteligência animal. Animais não conseguem compreender a morte; somente os humanos podem fazê-lo. Portanto, somos melhores que eles. Já acreditei nisso. Agora, acho que a conclusão pode ser a oposta.

Suponha que eu o leve à mesma praia todos os dias, durante um ano, tomando o mesmo caminho e fazendo as mesmas coisas. Depois disso, eu o levo à mesma *boulangerie*, onde lhe compro um *pain au chocolat* — não um *beignet framboise*, não um *croissant*, mas um *pain au chocolat*. Logo, tenho certeza, você vai me dizer: o quê, *pain au chocolat* de novo? Não pode me dar outra coisa? Só para variar? Já estou cheio dessas drogas de *pains au chocolat*!

Assim somos nós, humanos. Pensamos em nossas vidas como uma linha; e temos uma atitude muito ambivalente a respeito desta linha. As flechas de nossos desejos, objetivos e projetos nos amarram a esta linha, e nisso encontramos a possibilidade de nossas vidas terem significado.

Mas a linha também aponta para a morte, que extinguirá este significado. Somos então, ao mesmo tempo, atraídos e repelidos por essa linha, arrastados e aterrorizados por ela. É nosso medo da linha que nos faz sempre desejar o que é diferente. Quando nossos dentes se fecham sobre um *pain au chocolat*, não podemos evitar de ver todos os outros *pains au chocolat* ao longo da linha, para trás e para a frente. Nunca podemos aproveitar o momento pelo que é em si mesmo, porque, para nós, o momento nunca é o que é em si mesmo. O momento é interminavelmente transferido para o futuro e para o passado. O que entendemos como agora são nossas lembranças do que aconteceu antes e nossas expectativas das coisas que ainda virão. O que significa dizer que, para nós, o agora não existe. O momento presente é transferido, distribuído ao longo do tempo: é irreal. O momento sempre nos foge. Para nós, o significado da vida nunca está no momento.

Claro, adoramos nossas rotinas e rituais — alguns de nós. Mas também ansiamos pelo que é diferente. Você deveria ter visto os rostos de meus três cães quando comecei a dividir com eles, todas as manhãs, os *pains au chocolat*. A trêmula antecipação, os rios de saliva, a concentração tão intensa que era quase dolorosa. No que lhes dizia respeito, poderiam comer *pains au chocolat* por toda a eternidade. Para eles, o momento em que suas mandíbulas se cravavam no *pain au chocolat* era completo em si mesmo, não adulterado por quaisquer outros momentos possíveis, espalhados ao longo do tempo. Não poderia ser aumentado nem diminuído pelo que viera antes e pelo que ainda estava por vir. Para nós, nenhum momento é completo em si mesmo. Todos os momentos são adulterados, maculados por nossas lembranças do que aconteceu e por nossa antecipação do que acontecerá. A cada momento de nossas vidas, a flecha do tempo nos mantém na expectativa da morte. Por isso, achamos que somos superiores a todos os outros animais.

Nietzsche falou certa vez sobre a eterna repetição, o eterno retorno das mesmas coisas. Há duas maneiras diferentes — mas compatíveis — de se interpretar Nietzsche. No mínimo, Nietzsche flertou com uma delas; e, com sinceridade, endossou a outra. Podemos chamar a primeira de interpretação metafísica do eterno retorno. Neste contexto, a palavra "metafísica" significa uma descrição de como as coisas realmente são. Assim, entender o eterno retorno como doutrina metafísica é pensar que ela descreve uma coisa que de fato irá acontecer — ou, a propósito, já aconteceu — um número infinito de vezes. Se você acha que o universo é feito de um número finito de partículas — atômicas ou subatômicas —, tais partículas só poderão fazer parte de um número finito de combinações. Nietzsche realmente imaginava que o universo era composto de um número finito de *quanta*, ou pacotes de energia; mas como estes eram capazes de se combinar e recombinar, a questão fundamental permanece a mesma. Se você também pensa que o tempo é infinito, significa que as mesmas combinações de partículas de energia *quanta* podem se repetir. De fato, podem se repetir indefinidamente. Mas você, o mundo ao seu redor e os eventos que constituem sua vida são, em última instância, combinações de partículas. Portanto, ao que parece, seu mundo e sua vida podem se repetir sem cessar. Se o tempo é infinito, você pode se repetir pela eternidade.

Esta maneira de pensar sobre a eterna repetição é questionável, pois se baseia na presunção de que o universo é finito e de que o tempo é infinito. Se você negar isso — se, por exemplo, pensar que o tempo é criado com a criação do universo e morre com o mesmo universo —, o argumento não funciona. Nietzsche flertou com esta interpretação do eterno retorno, mas nunca a endossou explicitamente em seus trabalhos publicados.

O que nós endossamos em seu trabalho publicado é o que podemos chamar de interpretação existencial do eterno retorno. Nesta interpretação, a ideia da eterna repetição nos oferece uma espécie de teste existencial. Em seu livro *A Gaia Ciência*, Nietzsche descreve o teste:

> ***O maior dos pesos*** *— E se um dia, ou uma noite, um demônio lhe aparecesse furtivamente em sua mais desolada solidão e dissesse: "Esta vida, como você a está vivendo e já viveu, você terá de viver mais uma vez e por incontáveis vezes; e nada haverá de novo nela, mas cada dor e cada prazer e cada suspiro e pensamento, e tudo o que é*

inefavelmente grande e pequeno em sua vida, terão de lhe suceder novamente, tudo na mesma sequência e ordem — e assim também essa aranha e esse luar entre as árvores, e também esse instante e eu mesmo. A perene ampulheta do existir será sempre virada novamente — e você com ela, partícula de poeira!" — Você não se prostraria e rangeria os dentes e amaldiçoaria o demônio que assim falou? Ou você já experimentou um instante imenso, no qual lhe responderia: *"Você é um deus e jamais ouvi coisas tão divinas!"* Se esse pensamento tomasse conta de você, tal como você é, ele o transformaria e o esmagaria talvez [...]*

Aqui, o eterno retorno não é apresentado como descrição do mundo, mas como algo que você deveria perguntar a si mesmo, se quiser entender como é a sua vida e que tipo de pessoa você é. Em primeiro lugar, como disse Nietzsche, toda alegria quer a eternidade. Se sua vida está indo bem, você estará muito mais inclinado a encampar a ideia de que sua vida se repita sem parar. Se sua vida não está indo bem, por outro lado, provavelmente você olhará a ideia com horror. Isso é mais óbvio do que profundo. O que é menos óbvio, talvez, é como você reagiria à informação comunicada pelo demônio.

Suponha que alguém lhe perguntasse: com quem você deseja passar a eternidade? Coincidentemente, talvez fosse a pergunta que estivesse nos lábios das testemunhas de Jeová que cometeram o erro de bater à porta de nossa casa em Knockduff, muitos anos atrás. Brenin e Nina estavam comigo no quintal dos fundos e dispararam até a porta da frente, para ver quem estava lá. Quando cheguei lá, encontrei uma das testemunhas com o rosto virado para a parede, chorando, enquanto Brenin e Nina o cheiravam, com expressões preocupadas. Nunca descobri o que eles iriam me perguntar naquele dia — desculparam-se rapidamente e foram embora. Mas, naturalmente, entendemos a pergunta "Com quem você deseja passar a eternidade?" como uma pergunta de fundo religioso. A eternidade é a vida após a morte e esta, para todos os pro-

---

* Friedrich Nitzsche, *A Gaia Ciência*. Tradução de Paulo César de Souza. São Paulo: Companhia das Letras, 2004, p. 230.

pósitos, é apenas a continuação do curso de nossas vidas depois do falecimento de nossos corpos carnais. O que muitas vezes negligenciamos neste quadro é a única pessoa cuja companhia você não poderá evitar durante a eternidade: você mesmo. A pergunta que a religião então nos oferece é: você tem certeza de que você é uma pessoa com quem deseja passar a eternidade? E esta é uma boa pergunta.

Nietzsche, entretanto, torna a pergunta muito mais urgente. Se a eternidade é a continuação do curso de nossas vidas, qualquer desenvolvimento existencial que façamos nesta vida será transportado para a próxima. Se a vida é uma jornada de formação da alma — uma teodiceia de formação da alma —, esta jornada poderá continuar após o falecimento de seu corpo. Mas suponha que sua vida não siga uma linha contínua. Suponha que seja um círculo, e que sua vida será incessantemente repetida pela eternidade, como foi descrita pelo demônio de Nietzsche. Você ainda será a pessoa com quem terá que passar a eternidade. Mas como a eternidade é agora um círculo, não uma linha, você não terá oportunidade para melhorar ou se aperfeiçoar. Seja lá o que for fazer, terá de fazer no momento.

Se você for forte, pensava Nietzsche, fará o que sentir que deve ser feito no momento. Se sua vida e seu espírito estiverem em ascensão, como ele disse, você desejará fazer de você mesmo o tipo de pessoa com quem gostaria de passar a eternidade. Mas se você for fraco e seu espírito estiver em declínio — se você estiver cansado —, você se refugiará no adiamento: na ideia de que sempre poderá deixar para fazer mais tarde o que tem de fazer, na vida que ainda está por vir. O eterno retorno é, então, um modo de julgar se você é um espírito em ascensão ou um espírito em declínio. É o que tenho em mente quando digo que este é um teste existencial.

Há mais uma coisa na ideia do eterno retorno, e acho que é a mais importante: ela elimina o conceito de significado para a vida, implícito na concepção do tempo como uma linha contínua. Quando pensamos no tempo como uma linha, naturalmente pensamos no significado da vida como algo que devemos descobrir — como um conhecimento que será alcançado mais à frente. Os momentos estão sempre fugindo e, assim, o significado da vida não pode ser encontrado nos momentos. Mais do que isso, a importância de cada momento depende do lugar que ocupa na linha — de como se relaciona com o que veio antes, que ainda existe sob a forma de lembranças, e o que está por vir, que existe sob a forma de antecipação. Cada momento traz a marca dos fantasmas do passado e do futuro. Portanto, nenhum momento é completo em si mesmo — o conteúdo e significado de cada momento é transferido e distribuído ao longo da flecha do tempo.

Mas se o tempo for um círculo, em vez de uma linha, se a vida das pessoas está destinada a se repetir interminavelmente, o significado da vida não pode ser uma progressão rumo a um ponto decisivo na linha. Não existe este ponto, pois não existe esta linha. Os momentos não fogem — pelo contrário, se reafirmam vezes sem conta. O significado de cada momento não depende do lugar que ocupa em uma linha — de como se relaciona com o que vem antes e o que vem depois. Não carrega a marca de fantasmas passados e futuros. Cada momento é o que é; cada momento é completo e inteiro em si mesmo.

O significado da vida, então, é bem diferente. Em vez de ser encontrado em algum ponto decisivo da linha, ou em um trecho decisivo da linha, o significado da vida é encontrado em momentos. Não em todos os momentos — com certeza —, apenas em alguns deles. O significado da vida de alguém pode estar espalhado em sua vida, como grãos de cevada nos campos de Knockduff na época da colheita. O significado da vida pode ser encontrado em seus momentos mais elevados. Cada um destes momentos é completo em si mesmo e não precisa de outros para ter significado e justificativa.

Uma coisa que aprendi no último ano da vida de Brenin é que os lobos, e os cães, falando nisso, passam no teste existencial de Nietzsche de uma forma que os humanos raramente conseguem. Um humano teria dito: "Não vamos fazer o mesmo passeio de sempre, hoje. Não podemos ir a algum lugar diferente, para variar? Estou cheio da praia. E não me dê mais *pain au chocolat* — acho que vou acabar virando um!" E assim por diante. Somos, alternadamente, fascinados e repelidos pela flecha do tempo. A repulsa nos faz procurar a felicidade no que é novo e diferente — em qualquer desvio da flecha do tempo. Mas nossa fascinação com a flecha significa que qualquer desvio de curso apenas cria um novo curso; e nossa felicidade, agora, exige que nós nos desviemos deste curso também. A busca humana pela felicidade é, consequentemente, regressiva e fútil. No final de cada linha há somente o "nunca mais". Nunca mais sentir o sol em seu rosto. Nunca mais ver o sorriso nos lábios da pessoa amada, ou o brilho em seus olhos. Nossa concepção de nossas vidas e seu sentido está organizada em torno da visão de uma perda. Não é de admirar que a flecha do tempo nos cause horror e fascínio, ao mesmo tempo. Não é de admirar que tentemos encontrar a felicidade no que é novo e inusitado — em qualquer desvio, por pequeno que seja, do curso da flecha. Nossa rebeldia pode não ser mais que um espasmo inútil, mas é compreensível, com certeza. Nossa compreensão do tempo é nossa desgraça. Wittgenstein estava errado, de modo sutil, mas decisivo. A morte não é o limite de minha vida. Sempre carreguei a morte comigo.

O tempo dos lobos, desconfio, é um círculo, não uma linha. Cada momento de suas vidas é completo em si mesmo. E a felicidade, para eles, é sempre encontrada no retorno das mesmas coisas. Se o tempo é um círculo, não existe "nunca mais". Consequentemente, a existência não está organizada em torno da vida vista como um processo de perda. Para um lobo ou um cão, a morte é realmente o limite da vida. Por esta razão, a morte não tem domínio sobre eles. Gosto de pensar que ser um lobo ou um cão é isso.

Compreendo agora por que Nina apenas cheirou Brenin de leve, embora talvez o amasse mais do que qualquer coisa no mundo. De todos nós, era Nina quem melhor compreendia o tempo. Nina era a guardiã do tempo — a zelosa guardiã do eterno retorno. Todos os dias, ela sabia exatamente quando eram seis horas da manhã, hora em que eu tinha de me arrastar para fora da cama e começar a trabalhar. Sabia, com precisão de segundos, quando eram dez da manhã, e colocava a cabeça em meu colo para me dizer que era hora de parar de escrever; que era hora de ir para a praia. Sabia a hora de sair da praia para irmos à *boulangerie*, antes que fechasse para o almoço. Todos os dias — quer fosse horário normal ou horário de verão, sabia precisamente quando eram sete horas da noite, hora do jantar; depois, era a hora de caminhar até o La Réunion, para a sobremesa. A missão da vida de Nina era preservar e assegurar o eterno retorno. Para ela, nada poderia mudar; nada poderia ser diferente. Ela compreendia que a verdadeira felicidade reside apenas no que é igual, no que não muda; o que é eterno é imutável. Nina compreendia que a alegria deseja se eternizar; se você diz sim a um momento, diz sim a todos eles. A vida dela era um testemunho da irrelevância do "nunca mais".

9

A religião do lobo

1

Costumamos enxergar através dos momentos e, por esta razão, os momentos nos escapam. Um lobo vê o momento, mas não pode enxergar através dele. A flecha do tempo lhe escapa. Esta é a diferença entre nós e os lobos. Nós nos relacionamos com o tempo de uma forma diferente. Somos criaturas temporais, de um modo que os lobos e os cães não são. De fato, segundo Heidegger, a temporalidade, como ele a chamava, é a essência dos seres humanos. Não estou preocupado em saber o que realmente é o tempo. Nem Heidegger estava, por falar nisso. Ninguém sabe o que o tempo realmente é — apesar das apressadas declarações de alguns cientistas — e desconfio que ninguém jamais saberá. O fundamental, para nós, é como sentimos o tempo.

Na verdade, isso não é exato. Meu treinamento filosófico me faz procurar distinções nítidas onde não há nenhuma. A filosofia é um ato de poder — alguns diriam arrogância — no qual tentamos impor nossas distinções e divisões a um mundo que realmente não as aceita e que não lhes é propício. O mundo é escorregadio demais para nós. Em vez das divisões que gostaríamos de encontrar, acredito, há apenas graus de similaridades e diferenças. Um lobo é tanto uma criatura do tempo quanto do momento. Nós somos mais criaturas do tempo, e menos criaturas do momento, em comparação a ele. Somos melhores em enxergar através dos momentos do que o lobo. Ele enxerga os momentos melhor do que nós. O lobo está próximo de nós o bastante para compreendermos o que ganhamos e perdemos com isso. Se um lobo pudesse falar, penso, nós o entenderíamos.

O primata em nós é rápido em converter qualquer diferença em vantagem: qualquer diferença descritiva se transforma imediatamente em uma diferença estimativa. O primata nos diz que somos melhores que o lobo porque conseguimos enxergar através dos momentos. Isso, convenientemente, esconde o fato de que o lobo é melhor em enxergar o momento. Se viver com Brenin me ensinou alguma coisa, foi que a superioridade é sempre a superioridade em apenas algum aspecto. Mais do que isso, a superioridade em um aspecto geralmente se revela uma deficiência em outros contextos.

A temporalidade — a sensação do tempo como uma linha que se estende do passado até o futuro — tem certas vantagens, mas também suas desvantagens. Há uma abundância de primatas prontos a louvar as vantagens da temporalidade. O propósito deste primata que vos fala é chamar a atenção para a desvantagem: o fato de não conseguirmos entender a importância de nossas próprias vidas. E é justamente por isso que achamos tão difícil alcançar a felicidade.

Durante as últimas semanas da vida de Brenin, fizemos uma coisa juntos que tornou claro para mim o que significa ser uma criatura do momento, em vez de uma criatura do tempo — uma criatura mais apta a enxergar os momentos, e não através deles. Àquela altura, eu sabia que Brenin estava morrendo — pelo menos de forma racional, ainda que me recusasse a aceitar o fato emocionalmente. Decidi, então, que Brenin precisava de alguns dias longe de Nina e Tess. Elas não paravam de importuná-lo, até quando ele estava tentando dormir — o que, naqueles últimos dias, era a maior parte do tempo. Não era culpa delas. Eu não podia levá-las para passear, pois isso significaria deixar Brenin sozinho. E eu não tinha coragem de fazer isso. Podia imaginá-lo se levantando com esforço, cansado, mas determinado, ao perceber o entusiasmo ruidoso de Nina e Tess — e ficando desesperadamente infeliz, quando eu lhe dissesse que ele não poderia vir conosco. Eu não podia deixá-lo passar seus últimos dias assim. Então, nas últimas semanas, Nina e Tess

A religião do lobo

ficaram confinadas no quintal e na casa. Compreensivelmente, tornaram-se cada vez mais hiperativas. Achei que Brenin precisava de um tempo. Por conseguinte, levei Nina e Tess até os canis de Issanka, um vilarejo a cerca de uma hora, de carro, na direção de Montpellier. Resolvi que as deixaria lá apenas por alguns dias, para permitir que Brenin tivesse um repouso adequado. Quando Brenin e eu voltamos para casa — ele insistira em ir conosco a Issanka, é claro —, ele começou a sofrer uma estranha transformação. Na verdade, repouso adequado parecia ser a última coisa que tinha em mente. Ele me seguia pela casa, pulando, ganindo excitadamente. Quando preparei um prato de espaguete para mim, ele exigiu sua parte — coisa que já não fazia havia muito, muito tempo. Perguntei-lhe então: "Você quer passear?" Sua reação, embora não como o Buffalo Boy de antigamente, foi impressionante: ele pulou no sofá e uivou, mostrando que realmente queria muito. Imaginei que poderíamos dar uma leve caminhada até o *digue*, e andar por lá umas centenas de metros. Mas quando chegamos ao portão, Brenin já pulava e corria pela vala que nos separava da reserva natural. Então fiz uma coisa na qual mal consigo acreditar até hoje.

Eu tinha parado de correr desde que nos mudáramos para a França — e isso já fazia um ano. Tentei continuar, assim que chegamos ao país, mas notei que, depois dos primeiros quilômetros, Brenin começava a ficar muito para trás de nós, o que não o deixava feliz. Ele envelhecera sem que eu me desse conta disso. Então, substituí as corridas por caminhadas, entremeadas com natação na praia e incursões até a *boulangerie* e ao La Réunion. Não fazia qualquer outro tipo de exercício. Quando cheguei, comprei um conjunto de halteres e um banco. Mas apenas muito raramente conseguia me convencer a usá-los. Durante a maior parte do tempo, permaneciam esquecidos no terraço — um lembrete cada vez mais enferrujado do meu relaxamento.

À medida que Brenin foi se tornando mais velho e mais fraco, também fui me tornando mais velho e mais fraco. Isso acontece frequentemente quando se vive com cães. Eu passara um ano na França em uma espécie de aposentadoria prematura, escrevendo alguma coisa, mas passando um tempo enorme me encharcando de vinho jovem. Nina e Tess, claro, ainda estavam aptas a longas corridas. Mas Brenin não; portanto caminhávamos. Assim, em função do modo peculiar como nossas vidas se entrelaçaram, a decadência física de Brenin refletiu minha própria decadência física. Agora, no lado de fora da casa, olhei para Brenin, que corria para dentro e para fora da vala, e disse: "Vamos tentar, meu filho. A despedida dos meninos Rowlands. Que tal?" Então, vesti meu short e fomos correr. Eu observava Brenin cuidadosamente, esperando que ele se cansasse logo. Se isso acontecesse, iríamos direto para casa. Mas ele não se cansou. Devíamos estar muito engraçados. Um lobo doente e um homem na casa dos 40, irremediavelmente fora de forma, olhando sua própria barriguinha protuberante. Corremos pelos bosques até o Canal du Midi; depois, ao longo do canal, à sombra das gigantescas faias que se alinham em suas margens. Brenin corria ao meu lado, acompanhando facilmente o meu ritmo. Então entramos na reserva natural — atravessando os campos onde se espalhavam os touros negros e os pôneis brancos das fazendas, e indo até a *digue*. Ele ainda não estava cansado. Como o Brenin de outrora, ele deslizava sem esforço, como se estivesse pairando alguns centímetros acima do chão, acompanhado por um primata ofegante, que chacoalhava e tropeçava desajeitadamente a seu lado.

Quem sabe? Talvez ele só estivesse querendo que ficássemos sozinhos durante algum tempo. Talvez quisesse dizer adeus, e não tivesse como fazê-lo de forma adequada, com Nina e Tess andando na sua cola. Qualquer que fosse o motivo, aquele dia assinalou uma nítida reviravolta em sua disposição e comportamento — que ele nunca perdeu realmente, nem com a volta de Nina e Tess alguns dias depois. Não voltamos a correr juntos — ele não mais alcançou os mesmos níveis de energia daquela ocasião. Mas fomos caminhar na maioria dos dias. Ele estava bem. E permaneceu assim até quase o dia em que morreu.

Não posso evitar de comparar Brenin comigo, caso fosse eu quem tivesse tido câncer. Para Brenin, o câncer era uma aflição do momento. Em um momento, ele sentia-se bem. Em outro, sentia-se mal. Mas cada um dos momentos era completo em si mesmo, e não tinha nenhuma relação com qualquer outro. Para mim, o câncer seria uma aflição do tempo, não do momento. O horror do câncer — de qualquer doença humana séria — é o fato de se estender ao longo do tempo. Seu horror está no fato de cortar as flechas de nossos desejos, objetivos e projetos:

e sabemos disso. Eu teria ficado em casa, para descansar. Teria ficado em casa, para descansar, mesmo se naquele momento estivesse me sentindo muito bem. É o que fazemos quando temos câncer. Como somos criaturas temporais, nossas atribulações sérias são males temporais. Seu horror está no que provocam ao longo do tempo, não no que fazem em determinado momento. Por causa disso, têm sobre nós um domínio que não podem ter sobre uma criatura do momento.

O lobo avalia cada momento por seus próprios méritos. É isto que nós, primatas, achamos tão difícil de fazer. Para nós, cada momento é infinitamente adiado. A importância de cada momento depende de suas relações com outros momentos e seu conteúdo está irremediavelmente alterado por esses outros momentos. Somos criaturas do tempo, mas os lobos são criaturas do momento. Os momentos, para nós, são transparentes. Passamos através deles quando tentamos nos apoderar das coisas. Os momentos são diáfanos. Para nós, os momentos nunca são reais. Não estão no lugar. São os fantasmas do passado e do futuro, os ecos e a antecipação do que foi e do que poderá ser.

Em sua clássica análise de nossa percepção do tempo, Edmund Husserl argumentou que nossa percepção do que chamamos "agora" pode ser decomposta em três componentes empíricos. Existe uma percepção que ele chamou de "agora atual". Mas, em nossa percepção usual do tempo, a experiência com o agora atual é indelevelmente moldada pelas antecipações do rumo provável das experiências futuras e das recordações do passado recente. Ele chamava as primeiras de "protensões" e as últimas de "retenções". Para saber o que ele queria dizer, pegue alguma coisa que estiver à mão. Vamos supor que seja um copo de vinho. Você o percebe como um copo, presumivelmente. Mas seus dedos não estão tocando o copo todo, apenas partes dele. Mesmo assim, você sente que está segurando um copo, não partes de um copo. Sua experiência de segurar um copo não fica restrita aos limites de sua mão. Por quê? Porque, segundo Husserl, sua experiência de segurar o copo — a experiência de algo que você está fazendo agora — é composta de antecipações de como sua experiência poderá mudar, em determinadas circunstâncias, e de recordações de como a experiência mudou no passado recente. Por exemplo, você antecipa que, deslizando os dedos para baixo, a área de contato se estreitará, o que é consistente com o fato de você estar segurando a haste do copo. Da mesma forma, você poderá se lembrar de que, quando deslizou os dedos para baixo, momentos atrás, sua experiência foi esta. Mesmo a percepção do agora, argumentava Husserl, está inextricavelmente vinculada a experiências do passado e do futuro.

Até aqui, estou certo de que isso se aplica tanto a lobos quanto a humanos. Nunca percebemos o agora como tal — o agora atual é uma abstração e não corresponde a nada que possamos encontrar na nossa observação. O que chamamos de agora é em parte passado e em parte futuro. Mas as diferenças de grau podem ser tão importantes quanto as diferenças de tipo. Nós, humanos, levamos a coisa a um nível inteiramente novo. Passamos grande parte de nossas vidas vivendo no passado ou no futuro. Talvez, se tentarmos com empenho suficiente, possamos perceber o agora mais ou menos como um lobo, como uma coisa apenas minimamente relacionada com as retenções do passado e as protensões do futuro. Mas este não é o modo costumeiro de encararmos o mundo. Em nós, em nossa experiência habitual do mundo, o agora foi apagado: contraiu-se até se transformar em nada.

Há muitas desvantagens em ser uma criatura temporal; algumas óbvias, outras nem tanto. Uma das óbvias é que passamos uma enorme, talvez desproporcional, quantidade de tempo vivendo em um passado que já não existe e em um futuro que ainda não aconteceu. O passado que recordamos e o futuro que desejamos moldam decisivamente o que nós, de modo engraçado, chamamos de aqui e agora. Criaturas temporais conseguem ser neuróticas de um modo que é impossível para as criaturas do momento.

A temporalidade, no entanto, tem desvantagens mais sutis e importantes. Há um tipo de moléstia temporal a que apenas os humanos estão sujeitos, pois apenas os humanos vivem o suficiente no passado e no futuro para que este mal se instale. Como somos melhores em enxergar através dos momentos do que em enxergá-los simplesmente — já que somos animais temporais —, queremos que nossas vidas tenham significado e, ao mesmo tempo, somos incapazes de entender como dar significado a nossas vidas. A dádiva que a temporalidade nos oferece é desejarmos o que não podemos compreender.

A religião do lobo

2

Sísifo era um mortal que ofendera os deuses de algum modo. De que modo, exatamente, não se sabe ao certo, e as histórias são diferentes. Talvez o relato mais conhecido seja o de que, após sua morte, Sísifo convenceu Hades a deixá-lo voltar à terra, temporariamente, para algum tipo de missão urgente, prometendo retornar tão logo sua missão estivesse concluída. Entretanto, depois que tornou a ver a luz do dia e sentiu o calor do sol em seu rosto, Sísifo não sentiu mais qualquer desejo de retornar às trevas do submundo. E não retornou. Ignorando numerosas advertências e desobedecendo a instruções explícitas para regressar, Sísifo conseguiu viver muitos anos mais sob a luz do sol. Finalmente, por um decreto dos deuses, ele foi devolvido ao submundo, onde sua pedra já o aguardava.

A punição de Sísifo foi empurrar uma pedra montanha acima. Quando terminava a tarefa, depois de muitos dias, semanas ou meses de trabalho exaustivo, a pedra rolava de volta para o sopé da montanha, e Sísifo era obrigado a reiniciar o trabalho. E assim foi, por toda a eternidade. Um castigo verdadeiramente horrível, uma crueldade que apenas os deuses, talvez, fossem capazes de praticar. Mas, exatamente, em que consiste esse horror?

O modo como o mito costuma ser contado enfatiza a dificuldade do trabalho de Sísifo. A pedra é geralmente descrita como volumosa, tão grande que ele quase não consegue movê-la. Assim, cada passo de Sísifo montanha acima sobrecarrega seu coração, nervos e tendões até o limite. Mas é duvidoso, como Richard Taylor destacou, que o verdadeiro horror da punição de Sísifo esteja no esforço enorme que exige. Suponhamos que os deuses tivessem lhe dado, em vez de uma pedra volumosa, um pequeno seixo — que ele pudesse facilmente enfiar no bolso. Sísifo poderia então dar uma tranquila caminhada até o topo da montanha. Olharia a pedrinha rolar para baixo e recomeçaria o trabalho. Apesar da natureza menos árdua da tarefa, o castigo de Sísifo, penso, seria parcamente amenizado.

Somos animais que acham que a coisa mais importante na vida é a felicidade. Por isso, temos uma forte tendência a pensar que o horror da punição de Sísifo está no fato de que ele a odeia — o castigo o torna muito infeliz. Mas não acho que isso seja verdade. Só sabemos que Sísifo maldiz sua sorte. Mas creio que os deuses foram menos vingativos do que são representados no mito. Suponhamos que eles, de fato, tivessem tomado medidas para amenizar a infelicidade de Sísifo; medidas destinadas a reconciliá-lo com seu destino. Fizeram isso implantando em Sísifo uma compulsão irracional, mas intensa, para empurrar pedras montanha acima. Não precisamos nos preocupar muito com o modo como fizeram isso; apenas com o resultado. E o resultado é que Sísifo, agora, só fica feliz quando está empurrando pedras montanha acima.

Na verdade, se ele não tiver permissão para fazê-lo, sente-se claramente frustrado, até deprimido. Assim sendo, a misericórdia dos deuses se manifesta em fazer Sísifo desejar, e até adorar, o castigo que lhe foi infligido. Seu único e verdadeiro desejo é empurrar pedras montanha acima, o que lhe é assegurado por toda a eternidade. A misericórdia dos deuses é maldosa; mas não deixa de ser misericórdia.

De fato, é uma piedade tão completa que perde o sentido, pois o trabalho de Sísifo já não pode ser encarado como punição. É mais uma recompensa do que um castigo. Se felicidade é sentir-se bem com a vida, sentir que a vida e tudo o que há nela é maravilhoso, a nova situação existencial de Sísifo parece ótima. Ninguém poderia ser mais feliz do que Sísifo, a quem foi garantida a eterna realização de seu maior desejo. Se felicidade é o que há de mais importante na vida, então seria impossível imaginar vida melhor que a dele.

Entretanto, me parece que a clemência dos deuses não diminui nem um pouco o horror da punição. Às vezes, as recompensas dos deuses podem ser pior que suas vinganças. Penso que deveríamos sentir mais pena de Sísifo agora do que antes. Antes da "piedade" dos deuses, Sísifo tinha ao menos algum tipo de dignidade. Seres poderosos, mas perversos, haviam lhe imposto aquele destino. Ele reconhece a inutilidade de seu trabalho. Só o faz por necessidade. Não há outra coisa que possa fazer — nem mesmo morrer. Mas reconhece a inutilidade da tarefa e despreza os deuses que a impuseram. Esta dignidade se perde quando os deuses se tornam misericordiosos. Nosso desprezo — temperado com simpatia, talvez, mas ainda desprezo — deverá agora ser dirigido tanto a Sísifo quanto aos deuses que o tornaram assim: Sísifo, o iludido,

Sísifo, o tolo. Talvez, nas longas caminhadas montanha abaixo, Sísifo, às vezes, tenha uma vaga recordação dos tempos antes da misericórdia dos deuses. Talvez alguma vozinha baixa nas profundezas de sua alma chame por ele. Talvez, momentaneamente, Sísifo entenda, mediante ecos e sussurros, o que lhe aconteceu. Percebe então que se tornou uma coisa inferior. Sísifo compreende que perdeu alguma coisa importante, mais importante do que a felicidade que tem agora. A misericórdia dos deuses tirou de Sísifo a possibilidade de que sua vida — ou melhor, sua vida após a morte — seja mais que uma piada de mau gosto. E esta possibilidade, exatamente, é mais importante do que sua felicidade.

Duvido que sejamos o tipo de animal capaz de ser feliz, pelo menos não do modo como pensamos a felicidade. Os cálculos — nossas conspirações e ardis símios — permearam profundamente demais nossas almas para que sejamos felizes. Perseguimos os sentimentos que decorrem do sucesso de nossas maquinações e mentiras, e evitamos os sentimentos que decorrem de seu fracasso. Mal chegamos a uma marca já estamos contemplando a seguinte. Estamos sempre em busca do sucesso e nossa felicidade, consequentemente, escorre pelos nossos dedos. O sentimento — que é como classificamos a felicidade — é uma criatura do momento. Mas, para nós, não existe momento — cada momento é infinitamente adiado. Portanto, para nós, a felicidade não pode existir.

Mas agora, pelo menos, conseguimos entender nossa obsessão com os sentimentos: é sintoma de algo mais profundo. Nossa preocupação em nos sentirmos de um modo particular — a suposição generalizada de que isso é o que há de mais importante na vida — é uma tentativa de recuperar alguma coisa que o fato de vivermos no passado e no futuro nos tirou: o momento. Isso, para nós, já não é uma possibilidade real. Mas mesmo se pudéssemos ser felizes — mesmo se fôssemos o tipo de criaturas para as quais a felicidade é uma possibilidade real —, a questão não é essa.

3

O verdadeiro horror do castigo de Sísifo, claro, não está em sua dificuldade, nem no fato de que ele torna Sísifo tão desesperadamente infeliz. O horror da punição está em sua completa inutilidade. Não é apenas que o trabalho de Sísifo não resulta em nada. Você pode se deparar com uma tarefa significativa que não consiga fazer. Seus esforços, então, resultam em nada. Isso pode ser uma fonte de tristeza e mágoa. Mas não existe horror. O horror da tarefa de Sísifo, quer seja fácil ou difícil, quer ele a adore ou deteste, não está no fato de que ele fracasse, mas em que não há nada que possa ser considerado sucesso. Quer ele leve a pedra até o alto da montanha, ou não, ela rolará para baixo e ele terá que recomeçar. Seu trabalho é inútil. Não visa a nada. Sua tarefa é tão infrutífera quanto a pedra.

Isso pode nos levar a pensar que, se ao menos pudéssemos encontrar um propósito na tarefa de Sísifo, tudo ficaria bem. Seria o propósito, mais que a felicidade, a coisa mais importante na vida — de Sísifo ou de qualquer um. Porém, uma vez mais, não acho que isto seja exato. Para entender por quê, suponha que haja um sentido no trabalho de Sísifo. Suponha que houvesse uma meta a ser alcançada por seus esforços. A pedra permaneceria no alto da montanha, em vez de rolar de volta para o sopé. E suas caminhadas montanha abaixo já não seriam para recolher a mesma pedra, mas pedras diferentes. A ordem dos deuses, agora, seria que fosse construído um templo lindo e majestoso, um tributo adequado, na perspectiva deles, ao próprio poder e magnificência. Suponha também, se quiser, que, sendo deuses misericordiosos, eles inculcaram em Sísifo o desejo de fazer somente isso. Depois de eras de labuta pesada e horrível, podemos imaginar que Sísifo fosse bem-sucedido na tarefa. Terminaria de construir o templo. Poderia, então, descansar no alto da montanha e olhar com satisfação para os frutos de seu trabalho. Só resta uma pergunta: e agora?

Aí está o problema. Se você pensar que a coisa mais importante na vida é um objetivo ou um propósito, tão logo este propósito seja atingido sua vida perderá o sentido. Assim como a existência de Sísifo não tem sentido porque não tem propósito, assim também, em nossa nova versão, a existência de Sísifo perde qualquer significado tão logo seu propósito seja atingido. Sua vida no alto da montanha, olhando eternamente para uma realização que não pode mudar ou ampliar, é tão sem sentido quanto empurrar uma pedra intransigente montanha acima, apenas para vê-la rolar de volta para o sopé, assim que ele chegue ao topo.

A religião do lobo

Imaginamos o tempo como uma linha que se estende do passado até o futuro, com nossa vida ocupando um segmento desta linha. Talvez por isso nos seja tão natural pensar que a coisa mais importante na vida é direcioná-la para um objetivo. Que a coisa mais importante na vida é trabalhar por alguma coisa. E que se trabalharmos duro o bastante, se formos talentosos o bastante e, talvez, se tivermos sorte o bastante, poderemos alcançar o objetivo. Não está bem claro, exatamente, quando isso poderá ocorrer. Muitos pensam que o objetivo pode ser alcançado somente na próxima vida, e que a importância desta vida é apenas nos preparar para a vida seguinte. Mas mesmo uma reflexão despreocupada sobre o caso de Sísifo nos demonstra que o significado da vida não pode ser este. O que quer que seja o significado da vida, não pode se constituir em uma progressão até um objetivo ou final — seja nesta vida ou na próxima.

O mito de Sísifo é, claro, uma alegoria da vida humana (e, de fato, foi usado dessa forma pelo filósofo existencialista francês Albert Camus). A alegoria não é sutil. A vida de cada um de nós é como uma das viagens de Sísifo até o alto da montanha, e cada dia de nossas vidas é como um dos passos de Sísifo em sua jornada. A única diferença é a seguinte: o próprio Sísifo retorna para recolher a pedra e a empurrar montanha acima novamente, enquanto nós deixamos este trabalho para nossos filhos.

Quando você for para o trabalho hoje, ou para a escola, ou para onde quer que vá, olhe para a multidão agitada. O que os indivíduos estão fazendo? Para onde estão indo? Concentre-se em um deles. Talvez ele esteja indo para um escritório, onde hoje fará as mesmas coisas que fez ontem e onde fará as mesmas coisas amanhã. Em seu íntimo, ele pode estar pulsando de energia e propósito. O relatório deverá estar na escrivaninha da sra. X às três da tarde — isso é crucial — e ele não pode se esquecer do encontro com o sr. Y às 16h30 — se as coisas não correrem bem, as consequências para o desempenho da firma no mercado norte-americano serão graves. Ele entende que todas essas coisas são importantes. Talvez goste de lidar com elas, talvez não. Mas as faz, de qualquer forma, pois tem uma casa e uma família, e tem que sustentar os filhos. Por quê? Para que, dentro de alguns anos, eles possam fazer as mesmas coisas, pelas mesmas razões, e gerem seus próprios filhos, que, por sua vez, farão as mesmas coisas pelas mesmas razões. Então, serão eles que irão se preocupar com relatórios, encontros e desempenho no mercado norte-americano.

Esse é o dilema existencial que nos revela Sísifo. Como o homem que deve se encontrar com a sra. X e o sr. Y, e se preocupar com o mercado norte-americano, devemos encher nossas vidas com pequenos objetivos e propósitos. Mas estes não podem proporcionar significado às nossas vidas, pois estes objetivos visam apenas à sua própria repetição — por nós ou por nossos filhos. Mas se encontrássemos um objetivo grande o bastante para dar significado às nossas vidas — e não tenho nenhuma ideia de qual poderia ser —, então deveríamos nos assegurar, a todo custo, de que não atingiremos esse objetivo. Assim que o fizéssemos, nossa vida perderia novamente o significado. Seria ótimo, claro, que pudéssemos cronometrar a realização de nosso grande objetivo para que coincidisse com nosso último suspiro. Mas que tipo de objetivo poderia ser alcançado quando estivermos mais fracos do que nunca? E se o alcançamos no momento em que estamos mais fracos, por que não o fizemos antes? Devemos pensar que o sentido da vida é como um peixe que fisgamos e, para tirá-lo da água, esperamos até a hora de nossa morte? Que tipo de significado é esse? E que tipo de peixe é esse, que só podemos tirar da água quando já nos faltam forças?

Se presumirmos que o significado da vida consiste em ter um propósito, devemos desejar que nunca seja atingido. Se o significado da vida consiste em ter um propósito, a condição necessária para que nossas vidas continuem a ter significado é que nunca alcancemos este propósito. Tanto quanto posso perceber, isso significa transformar o significado da vida em uma esperança jamais concretizada. Mas qual o sentido de termos uma esperança que não pode ser concretizada? Uma esperança inútil não pode oferecer um significado à vida. Sísifo, sem dúvida, acalentava a inútil esperança de que a pedra, pela primeira vez, permanecesse no topo da montanha. Mas esta esperança não dava sentido à vida de Sísifo. O significado da vida, devemos concluir, não pode ser encontrado em uma progressão até uma meta ou ponto final. Não há significado no final.

A religião do lobo

4

Se o sentido da vida não é a felicidade e não é um propósito, então qual seria? De fato, que tipo de coisa poderia ser? Em conexão com problemas filosóficos, Wittgenstein costumava falar do momento decisivo de um truque de mágica. Um problema filosófico aparentemente insolúvel, pensava Wittgenstein, sempre será fruto de alguma premissa que nós, inconscientemente e, em última instância, ilicitamente, introduzimos no debate. Esta premissa nos prende de forma decisiva a um certo modo de pensar sobre o problema. E o impasse ao qual chegaremos, inevitavelmente, não é uma expressão do problema em si, mas da premissa que nos levou a pensar no problema daquela maneira.

Para o significado da vida, eis minha sugestão para o movimento decisivo do truque de mágica. Nós costumamos presumir que a coisa mais importante na vida é ter alguma coisa. Se nossas vidas são uma linha constituída pelas trajetórias das flechas de nossos desejos, isso significa que poderemos possuir qualquer coisa incluída nessa trajetória. No oeste americano, durante o século XIX, as autoridades às vezes prometiam aos colonos tanta terra quanto conseguissem percorrer em um dia de marcha. Pensamos que podemos, em princípio, possuir tudo o que as flechas de nossos desejos, objetivos e projetos possam cobrir. O que é importante na vida — o significado da vida — pode ser agarrado, mediante talento, esforço e talvez sorte. Isso pode ser felicidade ou pode ser um propósito. Uma pessoa pode ter ambas as coisas. Mas isso, aprendi com Brenin, não é o significado da vida. A coisa mais importante da vida — o significado da vida, se você preferir — deve ser encontrada exatamente no que não podemos ter.

A ideia de que o significado da vida seja algo que possa ser possuído, desconfio, é um legado de nossa gananciosa alma símia. Para um primata, ter é muito importante. Um primata se valoriza em termos do que possui. Para um lobo, ser é muito mais importante do que ter. Para um lobo, o que é mais importante na vida não é possuir determinada coisa, ou uma quantidade delas. É ser um certo tipo de lobo. Mesmo admitindo isso, porém, nossa alma símia logo tentará reafirmar a primazia da posse. Ser um certo tipo de primata — isso é uma coisa pela qual podemos lutar. Ser um certo tipo de primata é simplesmente mais um propósito que podemos ter. O primata que desejamos ser é uma direção que podemos tomar. É algo para se alcançar se formos espertos o bastante, laboriosos o bastante e sortudos o bastante.

A lição mais difícil e importante que se pode aprender na vida é que as coisas não funcionam assim. A coisa mais importante na vida não é algo que se possa ter. O significado da vida encontra-se exatamente naquilo que as criaturas temporais não podem possuir: os momentos. Por isso temos tanta dificuldade em discernir um significado plausível para nossas vidas. Os momentos são a única coisa que nós, primatas, não podemos possuir. Nossa posse das coisas baseia-se em apagar o momento — os momentos são coisas pelas quais passamos para alcançar os objetos de nossos desejos. Queremos possuir as coisas que valorizamos, estabelecer nossos direitos sobre essas coisas; nossas vidas são uma grande colonização. Por esse motivo, somos criaturas do tempo, não criaturas do momento: o momento que sempre escorrega entre nossos dedos e polegares opositores.

Ao dizer que o significado da vida se encontra nos momentos, não estou repetindo aquelas homilias banais que nos exortam a "viver o momento". Eu jamais recomendaria que se tentasse fazer uma coisa impossível. A ideia é que há momentos especiais; à sombra deles, encontraremos o que é mais importante em nossas vidas. Estes são nossos melhores momentos.

5

A expressão "melhores momentos" nos colocará, sem dúvida, no caminho errado, apontando para a direção do significado da vida que devemos rejeitar. É provável que nos leve a escolher uma entre três formas, todas erradas, de classificar nossos melhores momentos. A primeira delas é pensar em nossos melhores momentos como pontos em direção aos quais nossas vidas poderão avançar — como momentos para os quais estamos preparando nossas vidas, momentos que podem ser alcançados se formos suficientemente talentosos e esforçados. Mas nossos melhores momentos não são o ponto culminante de nossas vidas — não são a

A religião do lobo

meta de nossa existência. Os melhores momentos de nossas vidas estão dispersos em nossas vidas. São momentos distribuídos através do tempo: marolas feitas por um lobo, enquanto chapinha nas águas mornas no verão do Mediterrâneo.

Estamos tão condicionados a pensar que a coisa mais importante na vida é a felicidade — que entendemos como o fato de nos sentirmos bem — que essa conversa de melhores momentos traz à mente, de forma inevitável, algum tipo de intenso prazer, um nirvana. Esta é a segunda maneira equivocada de interpretar o que entendo como melhores momentos. Na verdade, nossos melhores momentos raramente são agradáveis. Às vezes, são os períodos mais desagradáveis que se possa imaginar — os momentos mais sombrios de nossas vidas. Nossos melhores momentos são quando fazemos o melhor possível. E, muitas vezes, é preciso que ocorra alguma coisa verdadeiramente horrível para que isso aconteça.

Existe outra forma de entender o que são os melhores momentos, mais sutil e mais insidiosa, porém igualmente errada. É pensar que nossos melhores momentos nos revelam quem somos na realidade. São os momentos, pensamos, que nos definem. No pensamento ocidental, há uma tendência persistente a se considerar o eu, ou a pessoa, como algo que possa ser definido. Citando Shakespeare, dizemos frases como: *sê verdadeiro a teu próprio eu*. Isso sugere que existe alguma coisa como um eu verdadeiro, em relação ao qual podemos ser verdadeiros ou falsos. Duvido seriamente que as coisas sejam assim. Duvido seriamente que exista um verdadeiro eu — e me incluo na dúvida —, e que alguém possa permanecer sempre fiel a este eu, transcendendo todas as formas em que lhe pode ser falso. Na verdade, duvido que Shakespeare acreditasse nisso — colocando a frase, como o fez, nos lábios de alguém tão obviamente tolo como Polônio (agradeço a Colin McGinn por ter me convencido disso).

Portanto, duvido que exista um verdadeiro eu, em oposição a um falso eu. Só existe eu. De fato, já nem estou certo de que este exista. O que chamo de eu pode ser uma sucessão de pessoas diferentes, todas psicológica e emocionalmente relacionadas, e todas unidas pela ilusão de serem eu. Quem sabe? Realmente, não importa. A questão fundamental é que cada um dos meus melhores momentos é completo em si mesmo e não requer nenhuma justificativa com relação ao papel que desempenha na definição de quem ou do que eu sou. Os momentos é que são importantes, não a pessoa que alguns esperam (erradamente) que eles possam revelar. Esta é a dura lição.

Sou filósofo profissional e, portanto, uma teimosa forma de ceticismo faz parte, ou deveria fazer, de meu arsenal. Pobre Deus, depois de tanto trabalho que teve comigo — a intervenção absurdamente improvável sob forma do pétreo fantasma de Brenin —, e eu ainda não consigo me convencer a acreditar Nele. Mas se pudesse acreditar, desejaria que Deus fosse o Deus da oração de Eli Jenkins em *Under Milk Wood* (Embaixo da seringueira): o Deus que sempre procura nosso lado melhor, não o pior. Nossos melhores momentos revelam nosso melhor lado, não o pior. O meu eu quando faço o pior possível é tão real quanto o meu eu quando faço o melhor possível. Mas o que me faz ter valor — se tenho — é quando faço o melhor possível.

Eu estava fazendo o melhor possível, estou convencido, quando não queria acreditar que Brenin tivesse morrido, durante os primeiros dias após sua morte. Eu estava em uma espécie de loucura sombria, provocada pela falta de sono. Pensava que estava morto e no inferno. Minha opinião sobre o que estava ocorrendo na minha vida faria Tertuliano parecer bastante razoável. Apesar disso, aqueles momentos estiveram entre os melhores de minha vida. Foi o que Sísifo finalmente compreendeu. Fazemos o melhor possível quando não há sentido em prosseguir; quando não há esperança que nos faça prosseguir. Mas a esperança é uma forma de desejo, portanto é o que nos torna criaturas temporais — as flechas de nossas esperanças cruzando as terras incógnitas de nosso futuro. Às vezes é necessário colocar a esperança em seu verdadeiro lugar — devolvê-la à sua pequena caixinha. Então prosseguimos, de qualquer forma. E assim provamos alguma coisa (embora esta não seja nossa intenção). Nesses momentos, dizemos "F...!" para os deuses do Olimpo, para os deuses deste mundo ou do próximo, e para seus projetos de nos fazer empurrar uma pedra montanha acima por toda a eternidade — ou empurrar o trabalho para nossos filhos. Para fazer o melhor possível, temos que estar encurralados, sem nenhuma esperança e sem nada a ganhar se prosseguirmos. Mas prosseguimos, assim mesmo.

Fazemos o melhor possível quando a morte espreita por cima de nossos ombros, não há nada que possamos fazer e nosso tempo já está quase terminando. Mas dizemos "F...!" para a linha de nossas vidas e abraçamos o momento. Sei que vou morrer, mas neste momento me sinto bem e me sinto forte. Farei o que quiser. Este momento é completo em si mesmo e não precisa buscar justificativas em outros momentos, passados ou futuros.

Fazemos o melhor possível quando o pit bull da vida nos agarra pela garganta e nos prende no chão — e somos filhotes de três meses que podem ser facilmente destruídos. A dor está a caminho, sabemos disso e não há esperança. Mas não gememos, nem ganimos. Nem mesmo lutamos. Em vez disso, soltamos um rosnado que vem do fundo de nós, um rosnado calmo e sonoro, que não corresponde à nossa tenra idade e fragilidade existencial. Este rosnado diz "F...!".

Por que estou aqui? Depois de quatro bilhões de anos de desenvolvimento cego e irracional, o universo me produziu. Valeu a pena? Duvido seriamente. Mas estou aqui para dizer "F...!" de qualquer modo — quando os deuses não me deram esperança, quando Cérbero, o cão do inferno, me agarrou pelo pescoço e me imprensou no chão. Não são meus momentos felizes. Mas, sei agora, são meus melhores momentos — pois são meus momentos mais importantes. E são importantes pelo que são em si mesmos, não por algum suposto papel que possam desempenhar na definição de quem eu sou. Se, de algum modo, tenho valor — se sou uma coisa que valeu a pena o universo ter criado —, é graças a momentos assim.

E foi um lobo que me revelou tudo isso; ele foi a luz que me permitiu ver a mim mesmo. O que aprendi, na verdade, foi a antítese da religião. A religião lida com a esperança. Se você é cristão ou muçulmano, é a esperança de que você será digno dos céus. Se você for budista, é a esperança de se liberar da grande roda da vida e da morte, de modo a encontrar o nirvana. Na religião judaico-cristã, a esperança é erigida como virtude primordial e rebatizada de fé.

A esperança é o vendedor de carros usados da existência humana: tão amável, tão plausível. Mas você não pode confiar nele. A coisa mais importante na sua vida é o eu que permanece quando termina a esperança. O tempo, no final, tomará tudo de nós. Tudo o que adquirimos mediante talento, esforço e sorte nos será tirado. O tempo acaba com nossas forças, nossos desejos, nossos objetivos, nossos projetos, nosso futuro, nossa felicidade e até nossas esperanças. Tudo o que possuímos, o tempo tomará de nós. Mas o que o tempo jamais poderá nos tirar é quem fomos em nossos melhores momentos.

6

Existe um quadro, pintado por Alfred Von Kowalski, chamado *Lobo Solitário*. Mostra um lobo de pé em uma colina coberta de neve, durante a noite, olhando para uma pequena cabana feita de troncos. Fumaça sai pela chaminé da cabana e uma luz brilha calidamente em sua janela. A cabana sempre me fez lembrar de Knockduff, quando eu retornava de uma de nossas caminhadas, durante as noites de inverno, com Brenin e as meninas correndo à minha frente, afastando-se da escuridão do bosque e se aproximando da luz acolhedora que eu deixara acesa. O quadro de Kowalski, claro, é alegórico — uma representação do forasteiro observando o calor e o conforto aconchegante da vida de outra pessoa. Mas, talvez, a cabana me lembre de Knockduff apenas porque o lobo me faça lembrar de mim mesmo e da vida que levei.

De um modo ou de outro, aquela vida terminou, ou começou a terminar, em uma escura noite de janeiro, no Languedoc, quando enterrei Brenin, vociferei contra Deus e bebi quase até morrer. Às vezes me pergunto se realmente não morri naquela noite. Descartes, na noite grande e escura de sua alma, encontrou refúgio em um Deus que não iria decepcioná-lo. Descartes duvidava de quase tudo — até de que existisse um mundo físico ao seu redor ou de que ele tivesse um corpo físico. Matemático e lógico talentoso, duvidava das verdades da matemática e da lógica. Mas não duvidava de que existisse um Deus gentil e bondoso. Este Deus não o decepcionaria, desde que ele tivesse cuidado suficiente na avaliação de suas crenças.

A religião do lobo

Penso que Descartes, provavelmente, estava errado. Há uma diferença entre um Deus bondoso e um Deus gentil. Um Deus bondoso não nos decepcionaria. Mas um Deus gentil quase com certeza o faria. Os melhores momentos de nossas vidas são tão difíceis e tão debilitantes. Há uma razão para que o valor de nossas vidas só possa nos ser revelado em momentos. Não somos fortes o bastante para que nos seja revelado de outra forma. Embora eu não seja religioso em nenhum sentido convencional da palavra, às vezes, quando me lembro da noite em que Brenin morreu, quando olhei através das chamas de sua pira funerária e avistei seu fantasma de pedra olhando para mim, acho que Deus estava me dizendo: "Está tudo bem, Mark, está tudo bem, mesmo. Não precisa ser difícil o tempo todo. Você está a salvo." Este sentimento, penso eu, é a essência da religião dos humanos.

Por vezes me pergunto se isso não foi, talvez, o sonho deslumbrantemente belo de um homem morto, presenteado a ele por um Deus gentil, em vez do bondoso Deus de Descartes. Este seria um Deus que me permitiria ficar decepcionado, exatamente porque isso é o que faz um Deus gentil. Era o mesmo Deus que eu xinguei arquejante.

Pergunto-me isso porque, se Deus tivesse aparecido a mim naquela noite e me dado papel e caneta, me pedindo para escrever como eu gostaria que fosse minha vida dali para a frente, eu não poderia ter escrito nada melhor. Agora estou casado — com Emma, não só a mulher mais bonita que já vi, como também a pessoa mais gentil que já conheci: alguém inquestionável, comprovável, irremediável e categoricamente superior a mim.

Minha carreira começou a subir cada vez mais — de humilde professor em uma humilde universidade, que ninguém tinha vontade de conhecer, passei a receber inflacionadas ofertas salariais de grandes universidades americanas. Meus livros se tornaram best-sellers — ou, pelo menos, o que se considera como best-sellers na rarefeita atmosfera das publicações acadêmicas. Já não sou o tipo de pessoa capaz de beber dois litros de uísque em uma só noite, nem mesmo de pensar nisso, sejam quais forem as circunstâncias ou motivação. E não se consegue ser o tipo de pessoa que bebe assim, sem muitos e muitos anos de dedicação permanente.

Não estou dizendo isso para me gabar, ou porque esteja particularmente satisfeito comigo mesmo. Muito pelo contrário: isso me deixa confuso e atordoado. Só conto essas coisas porque sei que não é nada disso, no final das contas, que me faz ter valor. Estaria mentindo se dissesse que não me sinto orgulhoso. Mas, ao mesmo tempo, sou cauteloso com relação a este orgulho. Este é o orgulho do primata, de minha cismarenta alma símia: a alma que pensa que o mais importante é subir na vida, mediante o raciocínio instrumental e tudo que o acompanha. Mas quando me lembro de Brenin, me lembro também de que a coisa mais importante é o eu que permanece quando os cálculos fracassam — quando as maquinações que você idealizou não vão adiante, e as mentiras que você contou engasgam em sua garganta. No final, é tudo sorte — tudo isso —, e os deuses podem acabar com sua sorte do mesmo modo como a concedem. O mais importante é a pessoa que você é quando sua sorte acaba.

Naquela noite em que enterrei Brenin, no clarão avermelhado e no calor de sua pira funerária, no frio cortante da noite do Languedoc, encontramos a condição humana fundamental. Uma vida vivida no calor e na benevolência da esperança é a que qualquer um de nós escolheria, se pudesse. Seríamos loucos, caso não o fizéssemos. Mas o mais importante quando chega a hora — e isso sempre acontece — é viver sua vida com a frieza de um lobo. Trata-se de uma vida difícil demais, desolada demais, que nos irá debilitar. Mas há momentos em que podemos vivê-la. São os momentos em que mostramos nosso valor, pois, no final das contas, é somente nossa intrepidez o que nos redime. Se os lobos tivessem uma religião — se existisse uma religião do lobo —, é isso o que ela nos diria.

7

Eu não poderia deixar os ossos de Brenin abandonados no sul da França. Então comprei uma casa no vilarejo. Em nossas caminhadas diárias, cumprimentávamos seu fantasma de pedra, quando passávamos. No entanto, estou escrevendo estas frases em Miami. Acabei sucumbindo a um dos referidos salários inflacionados. Emma e eu chegamos há alguns meses. Nina e Tess ainda estão vivas e nem é preciso dizer que vieram conosco. Nina ainda me acorda todos os dias às seis da manhã e, se minhas mãos ou pés não estão do lado de fora dos lençóis, ela os rearrumará de modo a que estejam. Lambida, lambida: você não sabe que temos pessoas e lugares para visitar? Mas elas estão começando a mostrar sinais da idade. Passam a maior parte do dia dormindo — perto da piscina, no quintal ou no sofá. Não posso mais correr junto delas. Era uma coisa que eu tinha voltado a fazer após a morte de Brenin — para alegria delas. Mas agora ficam para trás depois do primeiro quilômetro, mais ou menos, e a corrida perdeu o sentido. Talvez eu venha a ficar um pouco mais gordo e lento, junto às minhas duas meninas, assim como acompanhei Brenin. Mas elas gostam muito das suaves caminhadas pela Old Cutler Road, onde ainda acham energia para intimidar os cachorros americanos que encontram, todos entusiásticos e excitáveis demais — jovens demais — para as predileções de Nina e Tess. Tenho certeza de que elas se regozijam com o terror que inspiram aos cães da vizinhança. Assim como seus donos, eles cruzam a rua para nos evitar. Mas tudo bem. Conhecendo Nina e Tess, estou certo de que elas querem ser as mandachuvas da área. Mas ambas estão enfraquecendo. O calor ajuda Nina a melhorar da artrite, e, podem acreditar, eu sei como ela se sente.

Às vezes tenho uma sensação das mais estranhas: eu era um lobo e, agora, sou apenas um labrador bobo. Brenin representa para mim uma parte de minha vida que já não existe. É uma sensação ambígua. Fico triste por já não ser o lobo que era. E fico feliz por já não ser o lobo que fui. O mais importante, porém, é que fui um lobo. Sou uma criatura do tempo, mas ainda me lembro que são os melhores momentos que contam — momentos espalhados por nossas vidas como grãos de cevada na época da colheita, não no lugar de partida ou de chegada. Talvez não seja possível permanecer um lobo durante a vida inteira. Mas a questão nunca foi esta. Um dia, os deuses decidirão novamente não me dar esperanças. Talvez dentro em breve. Espero que não; mas irá acontecer. Quando acontecer, farei o melhor possível para me lembrar do filhote de novo agarrado pelo pescoço e imprensado no chão.

Mas eis a verdade da matilha: nossos momentos nunca pertencem apenas a nós. Às vezes, minhas memórias de Brenin estão matizadas com uma estranha espécie de assombro. É como se fossem compostas por imagens parcialmente sobrepostas: sinto que se relacionam de um modo importante, mas estão muito fora de foco para serem discernidas. Então, subitamente, convergem — entram em foco —, como as imagens de um velho caleidoscópio. Lembro-me de Brenin ao meu lado, no campo de rúgbi em Tuscaloosa. Lembro-me dele sentado ao meu lado, nas festas que aconteciam depois dos jogos, quando as meninas bonitas do Alabama se aproximavam e diziam: "Eu adoro seu cachorro." Lembro-me dele correndo junto comigo pelas ruas de Tuscaloosa; e quando as ruas de Tuscaloosa se transformaram em trilhas nos campos irlandeses, me lembro da matilha correndo ao meu lado, facilmente acompanhando meu ritmo. Lembro-me dos três pulando como salmões em um mar de cevada. Lembro-me de Brenin morrendo em meus braços na traseira do jipe, enquanto o veterinário inseria a agulha na veia de sua perna direita. E quando acontece a convergência de imagens, penso: sou eu mesmo? Fui eu, realmente, que fiz essas coisas? É esta, realmente, a minha vida?

Às vezes, tudo isso me parece um tanto surreal. Não sou eu quem está no campo de rúgbi em Tuscaloosa; é o lobo que está ao meu lado. Não sou eu quem está nas festas, é o lobo sentado ao meu lado e que fazia as meninas bonitas do Alabama se aproximarem de mim. Não sou quem está correndo pelas ruas de Tuscaloosa ou pelas trilhas campestres de Kinsale; é a matilha que acompanhava meu ritmo. Minhas lembranças de mim mesmo estão sempre deslocadas. Minha presença nessas lembranças não é uma constante; às vezes é um bônus que precisa ser procurado.

Eu nunca me lembro de mim mesmo. Só me lembro de mim mesmo através de recordações alheias. Aqui nos confrontamos, de forma decisiva, com a falácia do egoísmo; o erro fundamental do primata. O que importa não é o que temos, mas o que fomos quando fizemos o melhor possível. E isso nos é revelado apenas em momentos — nossos melhores momentos. Mas nossos momentos nunca são nossos. Mesmo quando estamos sozinhos de verdade, quando o pit bull nos imprensou no chão — e éramos frágeis filhotes —, só nos lembramos do cão, não de nós mesmos. Nossos momentos — nossos momentos mais deslumbrantes e aterradores — só se tornam nossos através das memórias alheias, sejam boas ou más. Nossos momentos pertencem à matilha, e nos lembramos deles através da matilha.

Se eu fosse lobo, em vez de primata, seria o que se conhece como "lobo solitário". Às vezes, um lobo deixa a matilha e vai para a floresta, para nunca mais retornar. Inicia uma jornada e não volta para casa. Ninguém sabe ao certo por que ele faz isso. Alguns pressupõem uma ânsia genética de procriar, somada a uma falta de paciência para esperar chegar ao topo da hierarquia da matilha. Alguns argumentam que os lobos solitários são lobos particularmente antissociais, que não gostam da companhia de outros lobos, ao contrário dos lobos normais. Consigo me identificar, a meu modo, com os dois tipos de lobos. Mas quem sabe? Talvez alguns lobos apenas pensem que há todo um mundo esperando para ser conhecido, e seria uma pena deixar de conhecê-lo tanto quanto possível. No final das contas, isso não vem muito ao caso. Alguns lobos solitários morrem sós. Outros, os que têm sorte, encontram outros lobos solitários e formam matilhas próprias.

Assim, por uma estranha guinada do destino, minha vida é hoje a melhor que já tive — ao menos se a julgarmos em termos de felicidade. Enquanto escrevo estas frases, Emma está prestes a dar à luz. Bem, eu digo "prestes a dar à luz", mas ela já está neste estado há alguns dias. Há muitas movimentações uterinas, mas nada organizado ou regular o bastante para ser decisivo. Entretanto, vivo na esperança. Ansiosamente espero seu chamado, que virá a qualquer momento, para pegar sua mala e conduzi-la até o South Miami Hospital. Portanto, tenho que ser breve. Depois de quarenta anos como um lobo solitário, irrequieto e sem raízes, encontrei finalmente minha matilha humana. Meu primeiro filho, um menino, está para nascer a qualquer momento — e tenho uma sensação, uma secreta suspeita de que será hoje. Espero que vá ser um fardo muito difícil para ele carregar, mas pretendo lhe dar o nome de Brenin.

Brenin: saber que seus ossos estão na França, a quase 5 mil quilômetros de distância, é uma coisa que me incomoda. Espero que você não esteja se sentindo muito só. Sinto sua falta e sinto falta de ver seu fantasma de pedra todas as manhãs. Mas, se os deuses permitirem, nossa matilha brevemente estará de volta, para aproveitar o interminável verão do Languedoc. Até lá, durma bem, meu irmão lobo. Vamos nos reencontrar em sonhos.

Índice remissivo

agape 160
Alabama, Universidade do 22, 32, 50, 52-53
amor 64, 65, 131, 156, 159-61
Apolo 13
Aquino, São Tomás de 87
Arendt, Hannah 92
Aristóteles 81, 160
Assis, São Francisco de 102-03
babuíno 68-69, 73
Beethoven, Ludwig van 63
Bekoff, Marc 64-65
Béziers 21, 150, 163
Birkbeck College 147
brincar 54, 55, 77
Byrne, Richard 60, 68, 70

cães selvagens africanos 64, 66
caixa de vaivém 84-85
Camus, Albert 19, 198
chimpanzé 60, 65, 66, 68-71
clareira, a 11-20
coiote 23, 59, 64-66, 115
consequencialista 157, 158, 160
conspiração 62-64, 66, 68, 70, 71, 73-75
contrato social 110, 112, 114, 117, 118
Cork (Cidade) 83, 106, 124, 128, 145, 147
Cork Examiner 124

Darwin, Charles 66

Descartes, René 51, 205, 206
de Waal, Frans 66

Eichmann, Adolf 92
elefante 64
empatia 64, 65, 66, 92, 107
Epicuro 172, 173
eros 160
eterno retorno 181-82, 183, 184, 186-87
existencialismo 42

felicidade 85, 122, 133-36, 138-41, 144, 185-87, 189, 194-97, 200, 202, 205, 210
felicidade, viciados em 134-36
Fenrisulfr 107-09
Frank, Harry 33-34

Gleipnir 109
Goodall, Jane 65

Hearne, Vicki 32
Heidegger, Martin 19, 98, 174, 188
Hobbes, Thomas 110-11, 120
Husserl, Edmund 192-93

inteligência 34, 43, 60-63, 66, 68, 69, 70-71, 74, 75-76, 114
inteligência maquiavélica, hipótese de 60, 61
intenção criminosa 75, 76, 92-93
iroqueses 14

Índice remissivo

justiça 76, 117, 120-21, 128

Kant, Immanuel 75, 92, 179
Kerouac, Jack 136
Kinsale 128-30, 137, 209
Knockduff 128, 162, 183, 185, 205
Koehler, William 32-33, 36, 37-38, 44, 47
Kowalski, Alfred von 205
Kundera, Milan 19, 93, 94, 95

Languedoc 151, 164, 168, 169, 170, 205, 207, 211
lembrança 35, 48
Londres 147, 148, 149, 150-51, 152, 171, 180
Luria, Anton 35
luta 54, 66, 74, 141-42

mal 86-89, 91, 92-96, 100, 138, 172-74, 177, 193
McGinn, Colin 87, 88, 90, 202
Mech, David 23
morte 74, 97, 157, 158, 161, 164, 171-74, 177-81, 173, 186, 194, 196, 199, 203, 204, 208

Nietzsche, Friedrich 19, 39, 132, 143, 181-85

Odin, 107-09

philia 160-61
Platão 98

Poe, Edgar Allan 180

Ragnarok 107, 109
raposa 42-43, 65
Russell, Bertrand 132

Sartre, Jean-Paul 41-43
Seton, Ernest Thompson 65
sexo 72-73, 134-39
shuttlebox 84
significado 144, 174, 178, 179, 180-81, 184-85, 193, 197-201
símia, invenção 75, 93
símia, inversão 73
Sísifo 194-98, 203
Sub specie aeternitatis 99

Taylor, Richard 19, 194
teodiceia 143-44, 184
Tertuliano 159, 203
trapaça 74, 113-14, 119-20
treinamento 3-34, 36-37, 39, 41, 43, 55-57, 81
Tuscaloosa 21, 22, 73, 97, 209

University College Cork 104

violência 57, 70, 74, 76
Vigotski, Lev 35

Whiten, Andrew 60, 68, 70
Wimbledon Common 148, 162, 167
Wittgenstein, Ludwig 32, 59, 171-72, 186, 200

Conheça mais sobre nossos livros e autores no site
www.objetiva.com.br
Disque-Objetiva: (21) 2233-1388

Este livro foi impresso na
LIS GRÁFICA E EDITORA LTDA.
Rua Felício Antônio Alves, 370 – Bonsucesso
CEP 07175-450 – Guarulhos – SP
Fone: (11) 3382-0777 – Fax: (11) 3382-0778
lisgrafica@lisgrafica.com.br – www.lisgrafica.com.br